Increíble, maravilloso, honesto… es perfecto.

KRISTIE, GOODREADS

La mejor autobiografía que he leído en la vida.

CANDICE, AMAZON

¡Gracioso, honesto y fascinante! Genial desde la primera página. Tom cuenta su historia con tanta soltura que te lleva a recorrer su vida con lujo de detalle. Como fan de Harry Potter fue fascinante ver el detrás de cámaras y todo lo que implican los reflectores de Hollywood.

DAN, AMAZON

Hay tantas anécdotas valiosas (y chistosísimas)… Si eres fan de HP, no te lo puedes perder.

AASHAY, GOODREADS

Revelador, gracioso y conmovedor, y muy autoafirmativo.

FAYE, GOODREADS

Lo sentí no solo como un detrás de cámaras de la vida de Tom, sino también un vistazo al mundo de Hogwarts.

LOGAN, GOODREADS

¡Increíble! Un libro muy interesante. Tom tiene muy buen sentido del humor.

LEE, AMAZON

Una autobiografía genial de uno de mis hombres con ambigüedad moral favoritos (o por lo menos del actor que lo interpreta).

KAITLYN, GOODREADS

Una lectura genial. ¡Bien hecho, Tom Felton!

NEIL, AMAZON

Leerlo me hizo sentir nostálgica y no puedo explicar por qué. Cuando terminé, me dieron ganas de ponerme a leer los libros de HP.

LAUREN, GOODREADS

Qué agasajo… qué viaje.

MIGLÈ, GOODREADS

Siento que pude conocer a Tom Felton con este libro, su firme humildad, el amor intenso que le tiene a su familia y la admiración que le tiene a las personas con las que ha trabajado.

ANNA, AMAZON

Una autobiografía honesta que revela situaciones que debieron haber sido difíciles para cualquier joven y adulto.

CHERYL, AMAZON

Fue maravilloso leer las historias reales y sin filtros que Tom estuvo dispuesto a compartirnos sobre su vida. Pero lo que más valoro es que se tomara el tiempo de ser vulnerable y compartir los momentos más difíciles de su vida.

ALEXANDRA, AMAZON

Me encantó la vulnerabilidad de Tom. No tiene miedo de hablar de temas complejos.

MALIHA, GOODREADS

Las chistosas historias de la infancia de Tom, las excentricidades de su adolescencia y la franqueza con la que compartió sus batallas con su salud mental, todo me conmovió y entretuvo mucho… Tom Felton es muy distinto de Draco Malfoy. Tiene un corazón muy bondadoso y este libro me dejó muy inspirada.

ASHLEY, GOODREADS

Este libro no es solo para fans de Harry Potter, es para cualquiera que creció siendo un poquito rebelde y para cualquiera que ha cometido errores que lo han convertido en mejor persona.

JUSTIN, GOODREADS

Superó todas mis expectativas.

JEANINE, GOODREADS

Increíblemente bien escrito, me devoré este libro en cuatro horas. ¡No lo podía dejar!

ALLISON, GOODREADS

Una lectura reflexiva, genuina y centrada.

TAYLOR, GOODREADS

Esperaba historias graciosas del detrás de cámaras y las amistades que surgieron del rodaje de Harry Potter, y lo cumple. Me carcajeé en voz alta con algunas de las travesuras de Tom de joven y otras me hicieron gritar sorprendida.

KALI, GOODREADS

Como alguien que ha amado a Tom Felton desde sus días en Potter, fue muy especial leer sobre sus experiencias y dificultades, tanto durante Potter como después.

PAM, GOODREADS

No podía dejar de leer, me lo acabé de una sentada.

EMILY, GOODREADS

Inspirador, por decir lo menos.

MICHELE, GOODREADS

Como fan absoluta de Harry Potter, esto me trajo recuerdos de la infancia y me permitió verlos desde una nueva perspectiva. Gracias a Tom por mantener viva la magia, no solo como mago, también como muggle.

ASHLEY, GOODREADS

Se sintió menos como una autobiografía y más como una conversación con un amigo de toda la vida.

ALISHIA, GOODREADS

Me encantó este libro. Está lleno de historias conmovedoras y a veces divertidísimas de su vida y su época en el set.

KATE, GOODREADS

Como fan de toda la vida de Harry Potter, lo disfruté muchísimo. Es bueno ver la otra parte de la personalidad pública de Tom Felton. Muy inspiracional.

BLEYS, GOODREADS

Una autobiografía impresionante, desenfadada e ingeniosa, escrita con profundidad y elocuencia. Tom Felton es una joya.

HANNAH, GOODREADS

Increíblemente divertido, ingenioso, nostálgico y, en ocasiones, emocional y sincero. Me encantó cada uno de los capítulos y sus enseñanzas. Se lo recomiendo mucho a todos, no solo a los fans de Harry Potter.

RACHEL, GOODREADS

No hay nada mejor que leer el libro de una persona y quedarse con la sensación de que te está hablando a ti. El libro de Tom es un ejemplo perfecto de eso... Me encantó sobre todo leer sobre su vida después de Potter, de la que no conocía nada

ANGELA, GOODREADS

Como fan de Potter y de Felton, me pareció un libro increíble. Muy buena lectura.

RAZ, AMAZON

Me fascinó este libro. Si pudiera, le daría más de cinco estrellas.

JOYCE, AMAZON

Un librazo para los fans de Harry Potter, sean o no Slytherin. Está escrito con honestidad e ingenio. Ofrece una perspectiva del mundo de Potter: los altibajos y las secuelas de haber trabajado en una franquicia tan fundamental. Me encantó, el único pero es que lo acabé en un par de horas. Una lectura maravillosa.

SAM, AMAZON

¡Interesante, divertido y bien escrito! ¡Muy buena lectura!

CHLOE, AMAZON

Me fascinó.

OLLIVIA, AMAZON

Una oportunidad de saber qué implica crecer en una franquicia del cine. Me encantó que abordara el tema de la salud mental, en general, gran lectura.

LISA, AMAZON

Muy bien escrito, gracioso y honesto.

JAYNE, AMAZON

Una lectura maravillosa. La disfruté de principio a fin.

CHRIS, AMAZON

A los fans de Harry Potter les va a encantar este libro. Pero incluso si no eres fan de Harry Potter, creo que lo vas a disfrutar.

KRISTY, GOODREADS

MÁS ALLÁ
de la
MAGIA

La magia y el caos
de crecer como mago

TOM
FELTON

Traducción: Aridela Trejo

AGUILAR

Más allá de la magia
La magia y el caos de crecer como mago
Título original: *Beyond the Wand. The Magic and Mayhem of Growing Up a Wizard*

Primera edición: agosto, 2023
Primera reimpresión: marzo, 2024

D. R. © 2022, Tom Felton
Publicado originalmente por Ebury Spotlight

Tom Felton ha hecho valer su derecho para ser reconocido como el autor de esta obra de acuerdo con la Ley de derechos de autor, diseños y patentes de 1988 (Copyright, Designs and Patents Act 1988).

Penguin Random House UK ha hecho todo esfuerzo por cumplir los requisitos respecto a la reproducción de material con copyright. Esta y el autor están abiertos a rectificar cualquier omisión que les sea comunicada.

Todas las imágenes son de la colección privada del autor o reproducidas con el permiso de los siguientes titulares de los derechos:

Abacus Agency. Warner Bros (Licensed By: Warner Bros. Entertainment Inc. D.R.). Total Carp magazine. Getty Images (Dave Benett / Contributor). PA Images (Alamy Stock Photo). Amy Stares. Getty Images (Kevin Winter / Staff). Getty Images (Stephen Lovekin / Staff). Twentieth Century Fox ('RISE OF THE PLANET OF THE APES' © 2011 Twentieth Century Fox. D.R.). Alamy (© 20TH CENTURY FOX / Album). Alamy (Collection Christophel © 2011 Tandem Productions GmbH & F / DR Photo Kelly Walsh). Sony (RISEN © 2016. Fifty Days Productions LLC. D.R.. Cortesía de Columbia Pictures. Alamy (Rosie Collins / © Sony Pictures Releasing / cortesía de Everett Collection). Twentieth Century Fox and Pathe ('A UNITED KINGDOM' ©2016 Pathe Productions Limited, British Broadcasting Corporation y British Film Institute. D.R. Por cortesía de Twentieth Century Fox and Pathe). Alamy (Prod DB © Film United – Harbinger Pictures – Pathe / DR A UNITED KINGDOM de Amma Asante 2016 GB/USA/TCH). © IFC Films / Covert Media. Alamy (Dusan Martinicek / © IFC Films / cortesía de Everett Collection). Alamy (Levitate Film / Caviar Films / Album). Nick Rutter.

D. R. © 2024, derechos de edición mundiales en lengua castellana:
Penguin Random House Grupo Editorial, S. A. de C. V.
Blvd. Miguel de Cervantes Saavedra núm. 301, 1er piso,
colonia Granada, alcaldía Miguel Hidalgo, C. P. 11520,
Ciudad de México

penguinlibros.com

D. R. © 2023, Aridela Trejo, por la traducción

ISBN: 978-607-383-436-0

Impreso en México – *Printed in Mexico*

Le dedico este libro a los muggles que me ayudaron a llegar aquí

Índice

Prefacio

de Emma Watson

¿Identifican a esa persona en su vida que los hace sentir vistos? ¿Aquella persona que es testigo de los acontecimientos de su vida? ¿Aquella persona que sabe —de verdad *sabe*— qué les está pasando, qué están viviendo, sin tener que decirle nada?

Para mí, esa persona es Tom Felton.

Como leerán en este libro, nuestra relación no empezó bien. Cuando nos conocimos, yo era una niña de nueve años muy distraída y, seguro, molesta que lo seguía como un cachorro, desesperada por que me pusiera atención. Pero, como escribe en este libro con tanta elocuencia, de forma hermosa y generosa, nuestra amistad no terminó ahí. Gracias al cielo que floreció y persistió.

Si pudiera resumir las historias de Harry Potter en una sola idea (y hay tantas que me es muy difícil), sin duda sería sobre el valor de la amistad y cómo sin ella no se puede lograr nada que en verdad importe. Las amistades son el eje de la existencia humana y agradezco mucho que, en momentos decisivos de mi vida, Tom ha estado presente para consolarme y entenderme. La amistad que compartimos me ha permitido transitar algunos de los momentos más desafiantes e introspectivos de mi vida.

Pero suficiente sobre mí. Este libro se trata de Tom. Él tiene el corazón del tamaño de un planeta. Nunca he visto nada igual, salvo tal vez en su mamá, Sharon. El factor Felton es real. Leerán mucho en este libro sobre el hermano de Tom, Chris, quien era una cara recurrente en el set de Harry Potter, y una de las personas más graciosas que conozco. Toda la familia es especial, y Tom, el menor de cuatro hermanos, ha heredado su generosidad y naturaleza centrada.

Lo cual quiere decir que si conocen a Tom, entonces conocen al Tom *de verdad*. Y no sucede lo mismo con todos los actores. La inmensa mayoría adopta una imagen pública cuando conoce a la gente, es como prender un interruptor: son muy profesionales, lo hacen extremadamente bien y la persona a quien conocieron nunca se dará cuenta. Pero no son ellos. Es una rutina. Tom no es así. Tom siempre es Tom. Él no enciende ningún interruptor. No *hay* tal interruptor. Lo que ven es la realidad. Es increíblemente generoso con sus fans y con la comunidad general de Harry Potter. Esa capacidad especial con la que *me* hace sentir vista se extiende a los demás. Tal vez interpretó a un bravucón. Tal vez a veces se sintió como un bravucón. Pero confíen en mí: es lo contrario. Es creativo, sensible y genuino. Es una persona que quiere amar a todos y todo.

Sócrates dijo que no valía la pena vivir una vida sin explorar. Cuando percibo la honestidad con la que Tom ha reflexionado sobre su vida y sus experiencias en este libro, me recuerda que tiene una asombrosa autoconciencia. Ha podido reírse de sí mismo, así como revivir momentos que le han resultado difíciles o dolorosos. Está en un viaje de autoexploración y crecimiento, y coincido con Sócrates, pues las personas que emprenden ese viaje son las únicas para mí. Pero Tom ha ido un paso más adelante que la mayoría: nos ha revelado ese viaje a nosotros, sus lectores. Es un acto muy generoso, en especial en este mundo de redes sociales y noticias instantáneas, en donde debido a la polaridad de opiniones es una época intensa para exponerte como lo ha hecho él. Uno quiere vivir una vida real, honesta y examinada, y me queda claro que es el objetivo de Tom.

Al igual que él, siempre se me dificultó explicar a los demás la naturaleza de nuestro vínculo y relación. Desde hace más de veinte años nos hemos adorado a nuestra manera, y ya perdí la cuenta de las veces que me han dicho: "¡Pero seguro por lo menos una vez se han besado borrachos!", "¡Se debieron haber dado un beso!", "¡Seguro pasó algo!". Pero nuestra relación es mucho más profunda. Es uno de los amores más puros que he vivido. Somos almas gemelas y siempre nos hemos apoyado. Y sé que siempre lo haremos. Me conmueve pensar en ello. A veces parece difícil vivir en un mundo en donde la gente juzga, duda o cuestiona las intenciones sin reflexión alguna. Tom no es así. Estoy segura de que, aunque me equivocara, entendería que mis intenciones fueron buenas. Sé que siempre me *creerá*. Incluso cuando no tiene toda la información, nunca pondrá en duda que mis intenciones son buenas y que haré lo mejor que pueda. Así es la amistad *verdadera*, y que me vean y amen así es uno de los grandes regalos de mi vida.

Siempre hemos compartido el amor por las palabras, de cómo las podemos usar para expresarnos mejor. Tom, eres un poeta. Cómo funciona tu mente y cómo expresas las cosas es hermoso, encantador, gracioso y cálido. Me alegra tanto que hayas escrito este libro y lo hayas compartido con nosotros. Es un placer y un regalo. El mundo tiene la fortuna de tenerte, pero yo soy aún más afortunada de que seas mi amigo.

Chapeau, pedacito de mi alma. Y felicidades.

Emma Watson
Londres, 2022

1.

EL INDESEABLE NO. 1

o

EL PRIMER ROCE DE DRACO CON LA LEY

Voy a poner las cartas sobre la mesa: este no es el momento que más me enorgullece. De hecho, mi mamá ni siquiera se sabe esta anécdota. Lo siento, ma.

Es una ajetreada tarde de sábado en un animado pueblo inglés. Varios clientes van aprisa puestos a lo suyo y grupos de adolescentes rondan los centros comerciales, hacen lo que todos los adolescentes. Nadie le pone atención al flaquito de catorce años con complexión pálida y pelo decolorado que deambula en los alrededores, rodeado de su grupito. El chico en cuestión es su servidor y me apena decir que teníamos ganas de meternos en problemas.

Tal vez piensen —y con mucha razón— que con mi distintivo pelo rubio hubiera sido mejor *evitar* los problemas. Quizá crean que meterme en problemas no era una de mis prioridades. Pero resulta que los adolescentes normales no siempre toman las mejores decisiones —sin duda, no siempre actúan con *sensatez*—, y estoy haciendo todo lo posible por ser justo eso: un adolescente normal.

Y no es tan simple cuando tu alter ego es un mago.

• • •

Esto fue en los albores de mi carrera como mago, entre la primera y la segunda parte de las películas de Potter. El objeto de nuestra atención era la tienda de discos HMV, en Guildford, Surrey; en ese entonces ese era el lugar. Era normal que los chicos sacaran los CD de las cajas y se los metieran en las chamarras para robarlos, un reto constante para los pobres guardias de seguridad que vigilaban los pasillos buscando a sinvergüenzas sin buenas intenciones. En este sábado en particular, mi grupito tenía en mente un premio más grande que un simple CD: un DVD para "adultos" que ninguno tenía la edad para comprar, ni de cerca. Me estremezco solo de acordarme. Si soy sincero, en ese momento también me estremecía por dentro, pero no quería demostrarlo porque intentaba encajar con los chicos cool. Ni los líderes querían cometer un crimen de esta magnitud por las posibilidades de morir de vergüenza.

Por eso me ofrecí para hacerlo.

Lector, de Artful Dodger no tenía nada. Me sudaban las manos, el pulso me latía a mil, entré a la tienda con una despreocupación insoportable. Lo inteligente hubiera sido identificar el motín, tomarlo y salir lo más rápido posible. Tal vez si hubiera tenido un poco más de ingenio Slytherin eso habría hecho. Pero no lo hice. En vez de perpetrar un robo rápido y sutil, ubiqué el DVD y lo vigilé. Debí haberme paseado por el pasillo cincuenta veces, la piel me picaba por el miedo. Incluso le pregunté a un desconocido si me compraba el DVD para fingir que había tenido éxito con los chicos cool. Con toda razón, el desconocido se negó y seguí vigilando, recorriendo el pasillo.

De un lado a otro…

De un lado a otro…

Debió haber pasado una hora. Honestamente dudo que para ese entonces hubiera un solo guardia de seguridad que no me identificara. No sabría decir si reconocieron que el ladrón más inepto del mundo era el chico de las películas de Harry Potter. Lo que sí sé es que mi pelo era peculiar, por no decir rarísimo, resplandecía, y me era imposible pasar desapercibido.

Deseaba no haberme ofrecido. Sabía que era una estupidez, pero no podía salir con la cola entre las patas y las manos vacías, así que respiré profundo y me aventé. Fingí mirar al techo y, con los dedos empapados en sudor, con torpeza le quité la estampa de seguridad, saqué el disco reluciente de su caja de plástico, me lo metí al bolsillo y caminé a toda velocidad a la salida.

Lo había logrado. Ya veía a mi grupito en la calle y les sonreí con suficiencia. Sentía su emoción.

De pronto… ¡desastre!

Apenas había puesto un pie fuera cuando tres guardias de seguridad enormes me rodearon. El estómago se me congeló cuando me escoltaron —amables, pero firmes— al interior. Caminé con vergüenza por la tienda, cabizbajo, todos me miraban, y yo deseando con todas mis fuerzas que no me reconocieran. En ese entonces los personajes no eran tan icónicos, pero había una posibilidad. Los guardias me llevaron a una cabina en la parte trasera de la tienda, en donde me rodearon con expresiones serias, y me pidieron que me vaciara los bolsillos. Obediente, les entregué el disco y les pedí —les *supliqué*— que no hicieran lo que empeoraría diez veces más mi lamentable escapada. "Por favor, por favor, ¡no le avisen a mi mamá!". Si se enteraba, la humillación sería insoportable.

No le avisaron a mi mamá, pero sí me colocaron contra la pared, sacaron una Polaroid y tomaron una foto de mi cara. Pegaron la Polaroid en la pared, junto con la galería de criminales que habían intentado robar la tienda de discos, y me avisaron que estaba vetado de por vida. Nunca podría volver a poner un pie en HMV.

No había manera, amigo. Con las mejillas ardiendo, salí volando sin voltear. Mis amigos se habían largado en cuanto vieron a los guardias, así que regresé a casa en tren para pasar desapercibido.

* * *

¿Cuánto tiempo se quedó esa foto del Tom rubio en la pared de HMV? Quién sabe. Tal vez ahí siga, pero pasé semanas aterrado de que Warner Brothers, o los periódicos, se enteraran de mi estúpida indiscreción. Nunca le conté a nadie, pero ¿qué habría pasado si alguien hubiera reconocido mi foto policial? ¿Me habrían despedido? ¿En la siguiente película a Harry, Ron y Hermione los habría intimidado otro Draco? ¿Acaso la naturaleza humillante de mi roce con la ley sería la diversión del público?

Como dije, me esforcé mucho por ser un adolescente normal. En buena medida, incluso pese a todo lo que el futuro tenía por delante, creo que no lo hice tan mal. Pero cuando creces en el ojo público, hay una línea muy delgada entre la normalidad y la imprudencia. Ese sábado por la tarde la crucé, sin duda. Y aunque el joven Tom Felton no se parecía a Draco Malfoy, tampoco era un santo. Tal vez por eso conseguí el papel en primer lugar. Pero lo dejo a su juicio.

* * *

Ah, por cierto, nunca vimos ese DVD.

2.

MI FAMILIA MUGGLE

o

EL ENCLENQUE DE LA MANADA

DRACO MALFOY, EL PERSONAJE AL QUE INTERPRETÉ Y POR QUIEN ME hice famoso, era hijo único, había nacido en una familia fría y despiadada. Mi familia era lo opuesto, era unida, amorosa, caótica y llena de apoyo, fue el centro de mi infancia. Soy el menor de cuatro hermanos y antes de presentarles a mi mamá y mi papá, quiero contarles sobre mis tres hermanos. Cada uno me ha marcado en lo profundo de distintas maneras, y sin ellos sería un personaje muy distinto.

A mis hermanos les encanta decir que soy el enclenque de la manada. Por lo menos, así me decían de cariño. (*Creo* que de broma, pero ya saben cómo son los hermanos). Soy el menor de cuatro. Jonathan, Christopher y Ashley llegaron en grupo, tres niños en un periodo de cuatro años. Después mi mamá tuvo un respiro de cuatro años, y yo llegué el 22 de septiembre de 1987. Así que, desde que llegué a este mundo, tuve a tres hermanos mayores que no me dejaban sentarme en el sillón ni agarrar el control de la tele. Tres hermanos mayores que me amedrentaron con amor. Tres hermanos mayores que me molestaban asegurando que había nacido tarde no por una ocurrencia tardía, sino porque, de hecho, era hijo del lechero. (Eran, todavía lo son, considerablemente más grandes que yo, todos miden más de 1.80 metros y son fuertes como un roble). En resumen, tres hermanos mayores que me mantuvieron a raya, lo cual supongo que no está mal para un niño a punto de embarcarse en una carrera como mago.

Mis hermanos no solo me decían "enclenque", si estaban de buenas, también me decían "larva". Pero no todo fue malo. Todos ejercieron una influencia increíblemente positiva en mi infancia inusual, aunque de diferente manera.

Jonathan —a quien le decimos Jink— es el mayor, y en ese entonces fue el primero que me enseñó con el ejemplo que estaba cool ser apasionado por las artes. Jink tenía un póster de Oasis en la pared y una Stratocaster negra en su cuarto —o por lo menos una imitación de la Strat—. Le gustaba la música, cantar y actuar, intereses que en la infancia se fomentan poco. Ese hubiera sido mi caso de no ser por Jink. Cuando yo era muy pequeño, empezó a tomar clases de actuación y mi familia y yo íbamos a ver sus funciones. Los actores eran niños, apenas algunos habían entrado a la adolescencia, y seamos honestos, no eran presentaciones profesionales ni impecables. Hoy Jink es quiropráctico —un talento desaprovechado, como le gusta recordarme— pero también es un tipo profundamente creativo. Recuerdo verlo en musicales como *South Pacific*, *West Side Story*, *Guys and Dolls* y, la que más se me quedó grabada, *Little Shop of Horrors*. Sentado en esas butacas, con los ojos bien abiertos, aprendí una lección muy importante y formativa: no era raro dedicarse a eso, y parecía divertido. Ver a mi hermano mayor en el escenario me enseñó que está bien querer actuar, sin importar lo que opinen los demás.

Así que bien hecho, Jink. Lo cual me trae al hermano número dos.

¿Chris? Lo opuesto. "Actuar es patético, bro. ¿Bailar? ¡Vete a la mierda!".

Chris es el segundo mayor del cuarteto Felton y es más probable que vuele a que se ponga un leotardo rosa y finja que es el Hada Madrina. He de decir que es una lástima porque se veía fantástico en tutú. Mientras que Jink es más sensible ante los cambios emocionales de quienes lo rodean, con Chris no hay más que lo que ves. Por eso quizá resulta inesperado que Chris haya sido el hermano con quien me sentí más cercano durante los años Potter, el hermano que me cuidó, que me mantuvo anclado y que fue la mayor influencia en mi adolescencia. Chris fue mi chaperón durante dos películas y media de Potter. Digo "chaperón", pero lo que en realidad quiero decir es que dormía en el cámper y aprovechaba al máximo el catering gratuito en el set, solo que más adelante hablamos de eso. Por ahora, basta decir que Chris no siempre se tomó sus labores como chaperón muy en serio. Seguido salíamos del set a las ocho de la noche y manejábamos una hora desde los estudios directo a la pesquería local. Montábamos nuestra tienda de campaña, lanzábamos la caña y pasábamos la noche pescando. A las seis de la mañana, recogíamos el sedal, empacábamos el equipo, regresábamos al set (un poco enlodados) y fingíamos ante las buenas almas de Warner Brothers que había estado durmiendo profundo toda la noche en casa. Así que, si creen que a veces Draco se veía un poco pálido, no era solo por el departamento de maquillaje.

Hubo una época en la que, en mi opinión —y supongo que en opinión de la mayoría— no había duda de que Chris sería el Felton más famoso. ¿Por qué? Era uno de los pescadores de caña de carpas más prometedores de Inglaterra. La comunidad de pescadores de caña de carpas es muy unida y, entre ellos, Chris era un talento emergente. Salió en la portada de las revistas *Carp*

Talk y *Big Carp* varias veces por atrapar peces famosos en lagos famosos, lo cual funcionó a mi favor entre mis contemporáneos a quienes les gustaba la pesca con caña. Lo admiraban muchísimo y sin duda me consideraban más cool solo por mi relación con él. Y como yo también lo admiraba, íbamos a pescar cada que teníamos tiempo libre. Seguro fue difícil para él cuando Potter nos cambió la vida a todos: un día era el mejor pescador del Reino Unido y al otro todos le decían el hermano de Draco Malfoy y le gritaban: "¿Y la escoba, hermano?". Chris se lo tomó con calma y, pese a todo lo que me esperaba, en esos años siempre fue mi héroe. Me presentó mucha música —Bob Marley, The Prodigy, Marvin Gaye y 2Pac—, que sería una de mis pasiones de toda la vida. También me presentó otros pasatiempos menos inocentes. Ya llegaremos a eso. Pero pescar era nuestra obsesión.

Gracias a Chris yo era habitual en la pesquería Bury Hill Fisheries en Surrey, e incluso tenía un trabajo de fin de semana en los primeros días de Potter, que acepté para tener un poco de dinero extra y por la promesa de pescar gratis. Mi chamba era ayudar en el estacionamiento, así que todos los sábados y domingos estaba listo a las seis de la mañana para guiar a los pescadores entusiastas a encontrar lugar en el diminuto estacionamiento, ocultando mi decoloración de Malfoy en un *beanie* de pescador. Después, agarraba un sándwich de tocino y me daba mis vueltas por el lago con un bolso de piel café lleno de monedas para venderle boletos a los pescadores.

Debo decir que no era el empleado más meticuloso. Una vez fui al departamento de Chris a ver una pelea de box importante que se estaba transmitiendo en el Reino Unido a las cuatro de la madrugada. Estaba muy emocionado y logré mantenerme despierto hasta que empezó la pelea, entonces el diminuto Tom de doce años se quedó frito. Mi hermano me despertó dos horas después para ir a trabajar. Lo logré, pero me despertaron por segunda ocasión cuando el dueño me encontró dormido debajo de la sombra de un árbol. Mientras tanto, los clientes se habían estacionado solos y el estacionamiento era un desastre. Lo siento, jefe.

A lo mejor les parece que para los clientes de la pesquería era raro que Draco Malfoy les dijera en dónde estacionar sus 4x4 y les cobrara, pero conseguí mantener mi anonimato. De hecho, puedo contar con los dedos de una mano la cantidad de veces que me reconocieron. La clientela en la pesquería era muy peculiar, hombres mayores y malhumorados, o eso parecía en ese entonces. Ninguno me hubiera reconocido, además, la cantidad de chicas adolescentes que llegaban a pescar carpas al amanecer un sábado por la mañana era limitada. De vez en cuando, se aparecía algún periodista y escribía sobre mi chamba *muggle*, y una que otra vez al dueño de la pesquería no le caía mal un poco de publicidad. Pero, en general, se me permitió disfrutar mi trabajo. Y lo disfruté mucho, no porque me pagaban veinte libras en efectivo al final de cada jornada, sino porque podía pescar gratis. Ese era el atractivo para Chris y para mí. Nos obsesionaba pescar, pero nos obsesionaba más todo lo que implicaba: la luna, las estrellas, la naturaleza, las cañas, los carretes, los vivacs y, por supuesto, los *boilies*. Son un tipo de carnaza de cebo del tamaño de una canica grande que preparas en la cocina con todo tipo de sabores asquerosos y repugnantes, como hígado de calamar y cangrejos gigantes, materiales que no estarían fuera de lugar en una clase de Pociones. Preparábamos los *boilies* en casa, a costa de la desesperación de mamá por el desastre y la peste, y le *jurábamos* que limpiaríamos todo antes de ir a nuestra amada pesquería.

Mi tercer hermano, más cercano a mi edad y, de alguna forma, el hermano con el que compartí buena parte de mi niñez, es Ash. A diferencia de mis hermanos mayores, por la cercanía de edad, él y yo íbamos a la misma escuela. (Y vamos a decirlo así: es útil tener a un hermano mayor cerca, sobre todo si tiene el físico de Ash de ese entonces). Ash y yo compartimos un sentido del humor muy particular, nos la vivíamos viendo *Los Simpson* o *Beavis y Butt-head* juntos. Todavía ahora le hablo más con la voz de Beavis que con la mía. A veces nos tenemos que contener cuando estamos en público. Practicábamos deportes juntos, cuando vimos *Space Jam* fastidiamos a mi papá para que instalara un aro de básquet en el jardín, y cuando vimos *Los campeones* tuvimos una fase en la que queríamos jugar hockey sobre hielo.

Ash tiene un corazón enorme, mi sentido del humor favorito y es uno de los chicos más nobles del mundo, pero en sus primeros años de adolescencia las fluctuaciones emocionales lo hicieron sufrir muchísimo, al grado de que cuando llegó a la adolescencia ya no quería ir a la escuela y ni siquiera salir de la casa. El sentimiento constante de no estar del todo contento con quien era implicó que pasara extensos periodos internado en hospitales psiquiátricos. Recuerdo visitarlo seguido después de la escuela en un hospital en Guildford. Me gustaría decir que enfrentaba esas visitas con sensibilidad y paciencia, pero estaba chico y no creo que entendiera del todo qué estaba pasando, así que solo recuerdo preguntarle a mi mamá a qué hora nos íbamos.

Cuando Ash se sintió mejor y pudo regresar a casa, por suerte pudimos volver a reírnos juntos. Pero sus dificultades adolescentes presagiaron los padecimientos de salud mental de los hermanos Felton, incluyéndome. Más adelante hablamos de eso, por ahora recordemos que tenemos esa predisposición y es muy difícil eludir ciertos problemas. Al final siempre te alcanzan.

Así que, ahí lo tienen: tres hermanos mayores, cada uno cercano a mí a su manera. Soy plenamente consciente de que mi participación en Potter alteró sus vidas de forma irreversible:

siempre, de una u otra manera, se les conocerá como los hermanos de Draco Malfoy. Pero soy igual de consciente de que cada uno influyó al joven Tom. Jink, en la creatividad y el amor por la actuación; Chris, en la pasión por estar al aire libre y tener una naturaleza centrada; Ash, en el sentido del humor y la consciencia temprana de que no hay luz sin oscuridad. Todas las enseñanzas importantes de la vida. Y aunque yo sea la larva —el enclenque de la manada—, sin ellos no sería quien soy ahora.

• • •

Como muchos chicos, saltaba de un interés al otro. Una de las grandes ventajas de mi vida fue que mi mamá siempre me animó, pero no me presionó de más para que me decidiera por una cosa. Tuvimos una crianza cómoda en una casa agradable, Redleaf, frente a una granja en Surrey. Era un hogar feliz, animado y hogareño. Nunca tuvimos mucho dinero. Una vez a la semana nos dábamos un gusto, viajábamos en auto al mercado de pulgas en Dorking, en donde la gente vendía sus cosas desde la cajuela de su coche, veinte centavos te podían llevar muy lejos y cincuenta eran una fortuna. Estoy seguro de que mi papá —un ingeniero civil muy trabajador— me perdonará por decir que cuidaba mucho su dinero. ¡Lo he visto regatear en tiendas de beneficencia! Es el motivo por el cual nunca pasé hambre, pero creo que también fue motivo de tensiones en los últimos años del matrimonio de mis padres. Mi mamá era quien decía: "Creo que tenemos que comprarle un violín a Tom, dice que quiere aprender". A lo que papá respondía, y no me parece poco razonable: "¡Le acabamos de comprar un palo de hockey! ¿Ya se aburrió del hockey?".

La respuesta era sí, seguro ya me había aburrido del hockey. Ya se me había pasado, había visto otra cosa que me había llamado la atención, como una urraca a la que le distrae un objeto brilloso. A mi papá le molestaba, pero a mi mamá le emocionaba cada una de mis pasiones, por fugaces que fueran, y estaba resuelta a no permitir que disminuyera mi entusiasmo. Cuando inevitablemente se me pasaba el interés más reciente, mi mamá nunca me juzgaba ni fastidiaba. No me ponía cara, ni cuando tres meses después de comprarme el violín empecé a faltar a clases de violín, a esconderme en el baño de los niños y a obsesionarme con mi nuevo yoyo. No hubiera culpado a mi papá por querer romperme el violín en la cabeza. Pero bueno, a mi mamá le daba gusto animarme a ser el niño que tenía pasiones, sin obligarme a seguirlas cuando aparecía otra cosa nueva.

No sugiero que a mi papá no le interesaban mis pasiones. Al contrario, era maravilloso para construir cosas y si queríamos algo, intentaba hacerlo. Nos construyó un complejo aro de básquet, una red de hockey e incluso instaló una rampa de patinaje en el jardín después de consultarnos qué era lo que queríamos exactamente. Era común encontrarlo en el cobertizo, durante la noche, serruchando, fabricándonos cosas increíbles, muchas veces con materiales "prestados" del basurero.

Sin embargo, había objetos que no lograba hacer, pero incluso si podía, no queríamos su versión casera, queríamos el artículo nuevo y reluciente con la etiqueta, el que tenían todos nuestros amigos. Mamá tenía que financiar estos objetos del deseo, así que además de cuidar a cuatro chicos (cinco, incluido mi papá), encontraba el tiempo para tener varios trabajos para ganar dinero extra. Trabajaba para el agente inmobiliario local, pero también en supermercados y limpiaba oficinas en la noche con su amiga Sally —le decimos tía Sally—, quien ha sido parte de mi vida e incluso fue mi chaperona en el set un rato. Todo esto porque quería un yoyo nuevo o Ash un balón con el logo de Air Jordan en vez del que costaba una quinta parte del precio en Woolworths. Sin importar lo que queríamos, mamá hacía todo lo posible por hacerlo realidad.

En conclusión: mi mamá es el principal motivo por el que estoy en donde estoy, aunque nunca me direccionó a que fuera actor. Pude haber querido ser violinista profesional o portero de hockey sobre hielo, o jugar yoyo. A ella no le hubiera importado la actividad que terminara eligiendo, pero una cosa me queda clara: sin importar qué fuera, mamá me hubiera ayudado a lograrla.

Mi papá es y siempre fue el bromista de la manada. Le encanta no tomarse demasiado en serio y siempre encuentra la forma de hacer un chiste o decir algo con humor sobre sí mismo. Es una mezcla de Del Boy, Blackadder y Basil Fawlty. Es un rasgo que le heredé y que hasta la fecha utilizo. En mi trabajo, es muy común encontrarte en situaciones en las que conoces a gente nueva y se necesita romper el hielo rápido. Siempre intento desarmar con un poco de humor, payasadas, una técnica que le aprendí a mi papá.

Como ingeniero civil, mi papá gestionaba grandes proyectos de construcción en todo el mundo, por lo que a veces estaba fuera de casa. Sin embargo, a medida que fui creciendo, empezó a viajar más por su trabajo. Esa ausencia se hizo más evidente cuando mis papás se separaron. Estuvieron casados veinticinco años y sin duda los recuerdo cariñosos, sobre todo durante nuestras vacaciones anuales para acampar. Recuerdo que se decían "cariño" o "mi cielo". Solo que un buen día me encontré en las escaleras escuchando algo muy distinto, no peleas, pero sí intercambios que revelaron una definitiva falta de intimidad. Más o menos en la época de la primera película de Harry Potter, recuerdo que mi mamá me llevó a la escuela y me dijo, muy práctica: "Tu padre y yo nos vamos a divorciar". No hubo ningún preámbulo. Fue un momento pragmático, muy británico. Y no recuerdo sentirme afligido ni enojado cuando mi mamá me contó que papá había conocido a alguien más. A fin de cuentas tenía doce años, y seguro me preocupaba más a qué niña le iba intentar hablar ese día en el recreo.

Después de eso, mi papá se mudaba de la casa durante la semana y regresaba a casa los fines de semana, cuando mamá se iba a quedar con su hermana, mi tía Lindy. Un acomodo inusual, supongo, que duró un par de años. Como adolescentes fue increíble porque el fin de semana podíamos hacer prácticamente lo que queríamos. Cuando estaba mamá, casi podías agarrar una caja de cigarros a un kilómetro de distancia y ya estaba gritando: "¿Qué están haciendo, niños?". Con papá todo era más relajado, tenía una política de no intervención. Recuerdo un sábado que bajó las escaleras a las tres de la madrugada y me encontró con unos amigos haciendo hot-cakes en la cocina.

—¿Qué carajo están haciendo? —exigió saber.

—Hum, hot-cakes.

Se encogió de hombros.

—Ok —sonrió y regresó a la cama.

El divorcio de mis papás no me afectó como suele afectar a otros chicos. No quería que vivieran juntos y sufrieran solo porque creían que sería lo mejor para mí. Si estaban más felices separados, tenía sentido. Incluso cuando mamá y yo nos mudamos de Redleaf, la única casa en la que había vivido, a una mucho más pequeña en un condominio de interés social cercano, recuerdo estar contento porque ella parecía más feliz. Y cuando para compensar la mudanza accedió a contratar Sky TV, yo no podía pedir más. Es increíble lo que consideras importante cuando eres niño.

Creo que se puede decir que mi papá tenía sus dudas sobre mi participación en la industria del cine. No le preocupaba la fama de un niño actor, pero creo que sí el que no conviviera suficiente con gente normal, o *muggles*, a falta de una mejor palabra. Entiendo su sospecha. Él había trabajado muchísimo para llegar a donde estaba. A los veintiséis tenía cuatro hijos, conocía el valor del dinero y creo que le preocupaba mucho que ellos también. Quería que aprendiéramos y emuláramos su increíble ética laboral. Le debió haber parecido extraño cuando empecé, desde pequeño, a ganar mi propio dinero con la actuación, sin tener que trabajar tan duro como él. Tal vez esto le usurpó su papel paternal. En una situación así, lo natural es que uno se distancie.

A veces esto se manifestó en maneras difíciles de procesar. En el estreno de la cuarta película de Potter, estaba sentado en medio de mis papás, y bromeó cuando terminó y salieron los créditos: "No saliste mucho, ¿verdad?". En ese entonces su falta de entusiasmo me pareció severa, pero con el beneficio que ofrece la perspectiva, ahora la interpreto de otra forma. Ahora sé, después de hablar con sus amigos y colegas del trabajo, cómo hablaba mi papá de mí en mi ausencia. Ahora sé que estaba muy orgulloso de mí. También ahora sé que es un rasgo característico de los hombres británicos, esa reticencia a expresar las emociones y decir lo que piensas. No creo para nada que la sospecha que le generaba a mi papá la industria quisiera decir que no se sintiera orgulloso de mí o que no le importara. Creo que no sabía cómo expresarlo. Procuraba entender una situación peculiar y no pudo haber sido fácil.

Actuar me dio un grado inusual de independencia en la infancia, pero mi papá también fue clave para ayudarme a desarrollarlo. Cuando tenía nueve años me llevó a un viaje de trabajo que hizo a Ámsterdam. Lo recuerdo sentado en la terraza de un café en una plaza grande, diciéndome: "Bueno, vete a dar una vuelta". No tenía dinero y no sabía en dónde estaba, pero insistió en que debía animarme a resolverlo por mi cuenta. En ese entonces me pareció indiferencia, pero ahora comprendo que fue parte crucial de mi desarrollo. Sabía que podría perderme, pero en ese caso, terminaría encontrando el camino. Podría entrar a un museo de sexo y me echarían, pero sin haber sufrido ningún daño. Podría caerme de cara, pero tendría que aprender a levantarme. Todas estas serían enseñanzas importantes. En otros momentos de mi vida *sí* me caí de cara y *tuve* que levantarme. Estoy muy agradecido con mi papá por esas experiencias y por todo lo que hizo por mí.

En los años siguientes, acabé siendo parte de otra familia. Una familia de magos. Sin embargo, mi familia *muggle* era como la mayoría de las familias: amorosa, compleja, con sus defectos, pero siempre a mi lado. Y más allá de aros de básquet y chistes, hicieron hasta lo imposible por brindarme lo único que me pudo haber faltado cuando mi vida dio un giro inesperado: una dosis saludable de normalidad.

3.
LAS PRIMERAS
AUDICIONES

O

¡MAMÁ GANSO!

INTERPRETÉ A DRACO MALFOY PORQUE A MI MAMÁ SE LE ENTERRÓ UN pedazo de vidrio en el pie.

Permítanme explicar.

Nunca fui un niño prodigio. Sí, a Jink, mi hermano mayor, le aprendí que me podían interesar las actividades creativas. Sí, mi mamá siempre apoyó lo que me iba llamando la atención. Pero nací entusiasta, no talentoso.

No es falsa modestia. Tenía *cierto* don para cantar. Los cuatro hermanos Felton cantábamos en el coro de la iglesia en St Nick's en Bookham (aunque para ser completamente honesto, debería mencionar que corrieron a Chris por robarse dulces de la tienda). Y una prestigiosa escuela religiosa para coristas me invitó a inscribirme, a mí, un pequeño angelical, pero en cuanto hicieron la oferta me puse a llorar porque no quería cambiarme de escuela y dejar a mis amigos. Como siempre, mamá me dijo que no me preocupara, pero sí le gusta mencionar de vez en cuando que me aceptaron. Así es mi madre. De esta forma, la primera vez que recuerdo estar bajo los reflectores no fue por la actuación, sino cantando *"O Little Town of Bethlehem"* una Navidad en St Nick's.

Además de mis dones corales, después de la escuela era parte de un club de teatro en el cercano Fetcham Village Hall. Nos reuníamos todos los miércoles en la tarde: 15 o 20 niños entre seis y 10 años, intentábamos armar una obra de teatro en pleno caos, cada tres meses, para los papás. No era nada serio, solo nos divertíamos. Y vale la pena repetirlo: yo no era para nada excepcional. Siempre tenía ganas de ir al club de teatro, pero lo que recuerdo de las actuaciones es pasar vergüenza, no gloria. Para una producción —pudo haber sido *Cuento de Navidad*—, me dieron el papel de "Muñeco de nieve número tres", una realización artística y de arduas exigencias técnicas. Mi mamá y mi abuelita se esmeraron muchísimo para hacerme el traje de hombre de nieve que consistía en dos vestidos conectados: uno para el cuerpo y otro para la cabeza. Ponérselo era una pesadilla absoluta, y todavía recuerdo la ignominia de estar de pie tras bambalinas y asomarme por la cortina para ver a tres o cuatro niños que se reían del pequeño Tom Felton, de pie, encuerado, mientras me ponían mi traje de muñeco de nieve. Ya me acostumbré a que me tomen fotos, pero agradezco que no exista evidencia fotográfica de ese momento en particular.

En otra ocasión, montamos *Bugsy Malone*. Después de mi actuación como hombre de nieve, digna de un Óscar, me ascendieron a "Árbol número uno". Le dieron los papeles principales a los niños mayores que poseían una capacidad crucial: hablar con coherencia. Yo era uno de los pequeños a quienes les confiaron una sola línea que ensayé con diligencia y me grabé en la memoria. Estaba de pie en el escenario improvisado, esperando mi entrada con paciencia.

Esperando.

Y esperando.

Ensayando el diálogo en mi cabeza.

Preparándome para mi momento de gloria.

Y, de repente, caí en cuenta de un silencio lacerante. Todos me miraban expectantes. Era mi momento y tenía la mente en blanco. Así que hice lo que todo joven actor que se respeta haría: me puse a llorar y salí corriendo del escenario lo más rápido que me permitían mis ramas. Cuando terminó la obra, corrí a mi mamá, llorando y disculpándome. *Mamá, perdón. ¡Perdón!* Mi mamá me consoló, me aseguró que no importaba, que no había afectado para nada la historia. Pero al día de hoy sigo sintiendo la vergüenza. ¡Había defraudado al equipo!

Así que mi carrera actoral no tuvo un comienzo feliz. La disfruté, sí, pero no sobresalí. Hasta que me empezaron a dejar más tarea y nació mi efímera pasión por el violín. Le dije a mi mamá que ya no tenía tiempo para el club de teatro, y fin del asunto.

Salvo que no fue así.

Anna, la señora que dirigía el club, era muy apasionada y dramática. Cuando mi mamá le contó que iba a renunciar, su respuesta fue extravagante: "¡No, no, no! ¡Este niño *pertenece* a las artes! *Prométame* que lo llevará a Londres a buscarle un agente. ¡Tiene *talento puro*! ¡Sería un desperdicio *atroz* si no hace nada con él!".

Estoy completamente convencido de que le decía esto a todos los niños que se salían del club. Yo no había demostrado talento especial en esos miércoles después de la escuela. Todo lo contrario. Sin duda era la declaración melodramática de una señora melodramática. Pero fue persistente y sus palabras plantaron una semilla en mi mente. Tal vez *podría* conseguirme un agente. Sería muy cool, ¿no? Tal vez el mundo de la actuación tenía más que ofrecerme que Muñeco de nieve número tres y Árbol número uno. Empecé a fastidiar a mi madre para hacerle caso a Anne: llevarme a Londres para hacer una audición en una agencia.

Mi mamá estaba ocupada con todos sus trabajos extra para conseguirnos las pelotas de básquet, las cañas de pescar y los violines que le pedíamos. Lo normal hubiera sido que nunca hubiera tenido tiempo de hacer todo eso ni de llevarme en tren a la ciudad para cumplir mi capricho, pero aquí entra el pedazo de vidrio. Se le había enterrado en el pie hacía años, y como la mayoría de las mamás, siguió con su vida y puso sus necesidades en segundo plano. Sin embargo, llegó el momento de tener que atenderlo. Se lo retiraron y estuvo en muletas unos días. Lo importante para mí fue que se tomó una semana del trabajo. Así que, entre mi insistencia y la persuasión de Anne, sugirió que hiciéramos el viaje a Londres.

Tomamos el tren desde Leatherhead, mamá iba armada con su confiable guía *A to Z* en una mano y una muleta en la otra. Nuestro destino era la Agencia Abacus, una diminuta oficina en el tercer piso de algún edificio en el centro de Londres. Me sentí muy gallito cuando saludé, me presenté y me senté. Recuerden que tenía tres hermanos mayores. Aprendes a hablarle a gente mayor que tú. El proceso de las audiciones era sencillamente asegurar que no fueras una tabla o la cámara te cohibía sin remedio, o por lo menos eso me parecía. Me pusieron a leer unos párrafos de *El león, la bruja y el armario*, y comprobaron que no me cohibía la cámara, es más, quería manipularla y aprender cómo funcionaba. Me tomaron una foto para ponerla en *Spotlight*, una especie de catálogo de actores, y me mandaron a mi casa. Hice lo mismo que seguro hicieron montones de niños todas las semanas, pero algo debí haber hecho bien porque me llamaron un par de semanas después. Era la Agencia Abacus para ofrecerme la oportunidad de grabar un comercial en Estados Unidos.

Siempre recuerdas las llamadas, el hormigueo de emoción cuando te enteras de que te quedaste con el trabajo. Esa primera vez no fue la excepción. Apenas tenía siete años cuando ya me habían dado la oportunidad de viajar a Estados Unidos, cosa que ninguno de los chicos Felton había hecho. No solo iba a hacer un viaje de dos semanas a Estados Unidos, era un viaje a los mejores lugares de Estados Unidos. El trabajo era para una agencia de seguros que se llamaba Commercial Union, y el tema del comercial era "invierte con nosotros y, cuando seas viejo, podrás llevar a tu nieto al viaje en carretera de su vida". Necesitaban contratar a un niño bonito para que fuera el nieto, se parara en el punto indicado y le agarrara la mano a su abuelo en las locaciones más increíbles de Estados Unidos. No se requería ningún talento. Aquí entra Tom.

Por supuesto que mi mamá me acompañó. Viajamos a Los Ángeles, Arizona, Las Vegas, Miami y Nueva York. Nos hospedaron en hoteles, toda una novedad para nosotros. A mi mamá le gustaba cuando el hotel tenía mesa de billar porque así me entretenía durante horas, y me embelesaba con una obra de arte llamada Cartoon Network —otra novedad— porque podía ver caricaturas *todo el día*. También descubrí por primera vez que algunos hoteles tenían un sistema especial: levantabas el teléfono, llamabas a alguien en la recepción, ¡y te traían comida! En mi caso: ¡papas a la francesa! Recuerdo a mi mamá llamando tímidamente a los productores para preguntarles si podía pedirme papas a la francesa y cargarlo a la factura del hotel. Imagino que fue un cambio refrescante de las mamás "tigre" de los niños actores con quienes estaban acostumbrados a tratar. No tuvimos peticiones extravagantes, estaba feliz de la vida sentado en mi cuarto viendo *Johnny Bravo* con un plato de papas a la francesa.

Nuestro primer día de filmación fue en Times Square, quizá la trampa para turistas más ajetreada de Manhattan, y un salto abismal del arbolado Surrey y de Fetcham Village Hall. Entre el equipo de filmación y la multitud y el tráfico colocaron obstáculos. Había personas para peinarme, maquillarme y vestirme.

Estaba parado con mi *beanie* y una enorme chamarra acolchada roja, mi vestuario, y poco a poco noté que la gente estaba saludando y aclamando. Volteé a verlos, ¡y me di cuenta de que me estaban aclamando a mí! Sonreí y les regresé el saludo con entusiasmo, y me aclamaron más. Divertidísimo. ¡Ya era famoso! ¡Genial! Salvo que por supuesto, no era famoso. Era un total desconocido. Resulta que, con mi carita angelical, mi *beanie* y mi chamarra acolchada, me confundieron con Macaulay Culkin en su vestuario de *Mi pobre angelito*, o a lo mejor con su hermanito. Lo siento, Macaulay, por robarte a tus fans, incluso si fue solo un día.

No me importó. Era emocionante y nuevo y me gustó. Hubo algo profético en que me confundieran con Macaulay Culkin, a quien el director Chris Columbus eligió para *Mi pobre angelito*, porque fue Chris quien me elegiría como Draco Malfoy en las películas de Harry Potter.

Me pagaron la espléndida suma de 200 libras por ese primer comercial, pero era muy pequeño para saber qué significaba. No olviden que todavía estaba contento con mis veinte centavos en el mercado de pulgas de Dorking, y estaba mucho más emocionado porque me habían dejado quedarme con la reluciente chamarra acolchada roja. Me encantó. La experiencia me tenía muy emocionado, y quería llamar a todos para contarles. Iba a un club para niños en el Centro Recreativo de Leatherhead, Crazy Tots, y moría de ganas por compartir mis aventuras con mis amigos. No quería contarles sobre el puente del Golden Gate ni el Caesars Palace ni Times Square. Quería contarles sobre las cosas *importantes*: el servicio al cuarto, Cartoon Network y claro, la chamarra acolchada roja. Sin embargo, enseguida se hizo evidente una verdad dura.

Literalmente.

A nadie.

Le importó.

Supongo que el mundo que intentaba describir era tan distinto de Crazy Tots en el centro recreativo que era imposible que mis amigos entendieran de qué estaba hablando. Así que aprendí rápido a callarme la boca.

Seguí haciendo audiciones. Como adulto, las audiciones pueden ser una experiencia brutal, en serio, he tenido varias. Las malas no son cuando llegas a la audición y no puedes dejar de pedorrearte (sí, me ha pasado). Las malas son aquellas en las que te das cuenta de que la persona que tomará la decisión no te ha mirado a los ojos desde que entraste. Las malas son aquellas en las que hay un número de baile a la mitad que *tú* sabes que no puedes hacer, y *ellos* saben que no puedes hacer, y será humillante para todos los implicados. Sin embargo, de niño me tomé las audiciones con calma, incluso las pésimas. Recuerdo una particularmente vergonzosa para un comercial de espagueti en el que tenía que fingir ser un niño italiano, comerme un *tazone-de-pasta*, gritar "*mamma mia*" y cantar una cancioncita. En ese entonces ni siquiera me gustaba la pasta y no dudo de que parecía igual de anodino que el mango de una puerta. Mamá logró hacer de nuestros viajes para hacer audiciones en Londres algo especial. Hacía mi audición y luego íbamos a Hamleys, la juguetería en Regent Street, en donde me dejaba jugar en las maquinitas en el sótano mientras ella se tomaba una taza de té. Y, desde luego, los dos sabíamos qué nos esperaba si me iba bien. Otro viaje a algún lugar cool, otra oportunidad para ver caricaturas sin parar y pedir servicio al cuarto, ¿y al final un cheque por 200 libras? ¡Obvio! ¡Sí, por favor!

Siempre me he quedado con los papeles de las audiciones raras. Ese fue el caso de mi siguiente trabajo: un comercial para Barclaycard. Era un proyecto súper emocionante para mí porque la cara de Barclaycard en ese entonces era mi actor absolutamente favorito, a quien más veía de niño y de quien me enamoré perdidamente: Rowan Atkinson. Algunos de nuestros momentos más felices como familia fueron cuando nos sentábamos todos juntos frente a la tele para ver *Mr. Bean*. Mi papá se carcajeaba. Mi mamá intentaba aguantarse la risa con todas sus fuerzas, pero nunca lo lograba. Los cuatro niños llorábamos de risa. Así que la oportunidad de conocer a mi héroe, ya no digamos aparecer a su lado, era increíblemente emocionante.

Nos pusieron en pares, y me tocó audicionar con una niña frente a tres o cuatro ejecutivos del casting. La niña tenía el pelo enorme y llevaba un vestido muy colorido. Nos dijeron: "No hay guion. Cuando les digamos, queremos que los dos actúen como si acabaran de escuchar el timbre, abren la puerta y ven a Mr. Bean parado del otro lado. ¿Creen poder hacerlo?".

Asentí. Ya había hecho varias audiciones para entonces, así que no estaba tan nervioso. Pero la niña parecía un poco loquita. Se dirigió a los ejecutivos y les preguntó:

—¿Podemos desmayarnos?

Se hizo un silencio. Intercambiaron miradas. Me quedé pensando, "wow, le está echando ganas, tal vez necesito hacer otra cosa".

Pero respondió uno de ellos:

— Creo que preferimos que *no* te desmayes.

Parecía un poco alicaída, pero asintió y empezó la escena. Los dos fingimos abrir la puerta y antes de que yo pudiera hacer algo, la loquita gritó a todo pulmón, por una razón inexplicable: "¡MAMÁ GANSO!". Y se desvaneció como un árbol que acaban de talar.

Silencio. Con total intención, la gente del casting evitó cruzar miradas. Era claro que no se podían reír. Yo olvidé por completo que debía reaccionar ante la presencia de Mr. Bean y me le quedé viendo a la niña asombrado. Creo que fue gracias a esa reacción que me quedé con el papel y aprendí algo de esa experiencia: nunca llegar a una audición con demasiada preparación. No se trata de aprenderse los parlamentos o llorar si te lo piden. Se trata de lo que sigue, no de lo que está pasando en el momento, de reaccionar ante tu entorno. Creo que esa niña había decidido que se iba desplomar mucho antes de que llegara a la audición, y no le sirvió de nada.

Lo triste para mí fue que Rowan Atkinson se salió de la campaña de Barclaycard antes de que empezáramos a grabar, así que nunca actué con él. Mamá y yo tuvimos una agradable excursión por Francia para filmar el comercial, pero no voy a mentir, hubiera sido mucho más divertido de haber tenido a Mr. Bean de colega. Aunque sí pude esquiar. Más o menos. En una escena estaba parado en esquíes en lo alto de una pista para principiantes. Era la primera vez que iba a las montañas o que había visto esa cantidad de nieve. Estaba desesperado por esquiar, pero me dejaron clarísimo que no debía mover un dedo. Lo último que querían era a un joven actor con la pierna enyesada. El seguro no lo cubriría. Obedecí, pero llegaría un momento, un par de años más adelante, en el que sería un poco menos obediente cuando se trataba de respetar las reglas y normas en un set de filmación…

4.

LA MAGIA
EN PROCESO

o

JAMES BLOND
Y EL PELITO
PELIRROJO

MI PRIMER ENEMIGO EN PANTALLA FUE UN POTTER, PERO NO HARRY. Fue el perverso abogado Ocious P. Potter en la adaptación al cine del clásico libro para niños *The Borrowers*.[1] Es la historia de una familia de personas del tamaño de un pulgar que viven con —y se esconden de— *"ceros* humanos"[2] de tamaño real. El menor de la familia es un pequeño insolente de nombre Peagreen[3] para quien se requería un pequeño niño actor insolente. Aquí entra Tom de nueve años. Se vale decir que era un travieso. Si un cojín tira pedos llegaba a la silla de la maestra, o un maestro se quedaba afuera de su salón sin poder entrar, era muy probable que yo hubiera tenido algo que ver. Entonces tenía la edad para que esto fuera adorable y encantador —aunque no duró mucho— e implicara que el papel de Peagreen me quedara como anillo al dedo.

---

[1] *The Borrowers* (1997) se estrenó en México con el nombre *Mis pequeños inquilinos*, en algunos países de Hispanoamérica con *Los ocupantes* y en España con *Los Borrowers*. *N. de la E.*

[2] "Human *beans*" en inglés, juego de palabras para *human beings*. *N. de la E.*

[3] "Peagreen" es el nombre del personaje en *The Borrowers* y *Los ocupantes*; es "Chicharín" en *Mis pequeños inquilinos* y "Pizquita" en *Los Borrowers*. *N. de la E.*

No recuerdo bien audicionar para el papel, aunque sí recuerdo leer con la maravillosa Flora Newbigin, que interpretó a mi hermana mayor, Arrietty, para comprobar si había química. Un recuerdo más claro es la alegría de salir temprano de la escuela para ir a los ensayos y las filmaciones. Este era un nivel muy distinto de los comerciales que había hecho. Para esos trabajos simplemente me decían en dónde pararme y a dónde voltear. Mi participación era mínima. *The Borrowers* era un trabajo de actuación de verdad. No nada más tenía un papel serio que interpretar, también tenía escenas de acción, así que, durante el periodo de preproducción, mi mamá me recogía de la escuela a la una de la tarde todos los lunes, miércoles y viernes. Teníamos un chofer que se llamaba Jim y nuestra primera parada era la tienda local de *fish & chips*. Escogía una salchicha gigante con papas y me los comía en el coche de camino al entrenamiento de acrobacias, mientras mi mamá no dejaba de disculparse con Jim por apestarle el coche con mi lunch.

Esas sesiones vespertinas se desarrollaban en un gimnasio enorme en donde entrenaban atletas olímpicos. En ese entonces estaba obsesionado con James Bond, y me decepcioné un *poquito* cuando mi entrenamiento no implicó lanzarme de un coche en movimiento con una Walther PPK. Pero fue divertido y, comparado con las clases de álgebra, era un sueño hecho realidad. Aprendimos gimnasia elemental, cómo escalar cuerdas con las piernas y no con las manos, a caer desde lugares altos sin rompernos los tobillos, a balancearnos en aros, saltar en tapetes y caminar en la viga de equilibrio de gimnasia. Tenía cierta competencia física —no era el capitán del equipo de futbol pero sí podía manejar un bat de cricket con decencia— así que el entrenamiento de acrobacias no fue un reto físico tan grande. Sin embargo, mi parecido con Peagreen presentó más problemas. Una tarde estaba caminando sobre una viga y decidí que sería muy cool saltar de esta y aterrizar con los pies. Desde arriba parecía posible y no quería desaprovechar la oportunidad de lucirme con la gente. Así que le grité a todo mundo que dejara lo que estaba haciendo para verme. Todos voltearon. Les concedí mi mejor pose de Billy Elliot, salté en el aire, despegué las piernas listo para mi aterrizaje triunfal…

Creo que se imaginan cómo termina esta anécdota. Basta decir que mis dedos de los pies no tocaron el piso, otra parte más sensible de mi anatomía cargó con la caída. El momento del impacto fue agonizante y vergonzoso en la misma medida. Tan solo de acordarme se me llenan los ojos de lágrimas. Y seguro entonces también, pero recuerdo hacer todo lo posible por mantener la calma cuando reinó un silencio espeluznante en el gimnasio, me bajé de la viga, fingí que mi acrobacia había salido *tal como* la había planeado y salí corriendo a doblarme de dolor en privado y atender mi orgullo herido, y mis… bueno, lo dejo a su imaginación.

Mi orgullo recibió otro golpe cuando llegó la hora de que el equipo de peinado y maquillaje me transformara en Peagreen. Puedo medir mi carrera como actor infantil por mis peinados extraños. Mucho antes de que el decolorado de Draco se volviera un rasgo permanente en mi vida, me tocó llevar con orgullo el peinado ridículo de Peagreen, una enorme masa de bucles naranjas, como Krusty el payaso, pero en pelirrojo. Si les parece poco atractivo, esperen. Mi peluca me cubría del nacimiento del pelo a la corona. Entonces, me quedaba expuesta la parte trasera. La única solución era teñir esa parte de naranja y hacerme permanente para que se rizara. El resultado final fue un mullet naranja con chinos muy pegaditos.

Lector, contrólate.

En ese entonces me encantaba el futbol. Tenía una imagen tamaño real de Steve McManaman en mi vestidor de *The Borrowers*, y como cualquier niño de nueve años que se respeta, coleccionaba estampas de futbol. Lo que más deseaba era que me ascendieran del equipo B al equipo A de mi club local, pero por las filmaciones, faltaba a muchas prácticas. Cuando sí llegaba, sobrecompensaba para demostrar que era digno del equipo. Pero es difícil verse rudo en el campo de fut cuando traes un mullet con chinos naranjas debajo de tu pelo rubio lacio. Incluso el entrenador se burló de mí. "Chicos, casi lo logran, por un pelo", nos dijo una vez cuando perdimos un partido. "O en caso de Tom, un pelito pelirrojo". Todos se carcajearon, él incluido. Entendí la gracia y sonreí avergonzado, pero caray, la promoción al equipo A me esquivó.

De niño no entendía que pasar tiempo en un set de filmación era extraordinario. Más de una vez le tuve que rogar a mi mamá que me dejara terminar un partido de fut cuando me estaba presionando para que me subiera al coche para ir al estudio. Dicho esto, filmar *The Borrowers* de niño fue superdivertido. Me encantaba cuando me ponían mi vestuario: viste a un niño de nueve años en un calcetín y clip gigantes con un par de dedales como zapatos y le estás dando la mejor fiesta de disfraces. Sin duda superó mi vestuario de Muñeco de nieve número tres. Pero más que eso, me encantaba el set. Sí había efectos especiales en pantalla verde, pero esa tecnología estaba en ciernes y para marcar lo diminutos que eran los inquilinos, todo en el set debía tener una escala ridícula. Pasé mis días en arneses, corriendo en el interior de muros mientras enormes martillos descendían sobre mí. Era como estar en mi propio videojuego. Para una escena, tenía que estar atrapado dentro de un botella de leche, tan alto como la longitud de un autobús. Y tuvieron que llenarlo con un líquido blanco, viscoso y apestoso, que pareciera leche. Fue un efecto superimportante al que le dedicamos días. Para otra, tenía que agarrarme de un poste de nueve metros de alto y luego caerme en un colchón enorme. Hoy moriría de miedo con una acrobacia así. Pero en ese entonces insistí en hacerla varias veces para asegurar que mi actuación fuera satisfactoria, ¿me explico? ¿Acaso puede un niño divertirse más? No lo creo.

Pero tal vez más emocionante que filmar dentro de mi propio mundo de Super Mario fue que trabajamos en los Shepperton Studios. Y al mismo tiempo estaban filmando nada más y nada menos que la nueva película de James Bond, *El mañana nunca muere*. Para mí esto era IMPORTANTÍSIMO. Cambié el nombre en mi vestidor de "Peagreen" a "El próximo James Bond" y me emocionaba que el equipo de escenas de acción de *El ojo dorado* estuviera trabajando conmigo en *The Borrowers*. Shepperton es una serie de bodegas colosales vacías en donde construyen los sets que se necesiten. Para ir de A a B tienes que subirte en un carrito de golf eléctrico. Es divertidísimo porque un día cualquiera puedes pasar junto a un pirata en disfraz completo comiéndose un sándwich o a un alien fumándose un cigarro a escondidas. Para mí fue doblemente emocionante porque era habitual que varios James Bond se pasearan por los estudios. Había dobles de acción, dobles en trajes elegantes y pelucas castañas, pero de espaldas eran Bond y para mí era suficiente. Una vez, sentado en la parte trasera del carrito, íbamos recorriendo los estudios y tuve que voltear dos veces. El Bond que acababa de pasar no era ningún doble. Era el mismísimo Pierce Brosnan, el de verdad. No intercambiamos ni media palabra, ni siquiera miradas. Da igual, fue uno de los momentos más emocionantes de mi vida hasta entonces. Y aunque a mis amigos no les interesaba mucho mi vida en el set, haber visto a Bond sí fue una anécdota muy cool.

Claro que *The Borrowers* tenía su propio elenco de pesos pesados, pero no tenía la edad suficiente para darme cuenta. John

Goodman era un actor prestigioso con una presencia imponente. Recuerdo que un día estaba corriendo por los salones de peinado y maquillaje con una pistola de agua Super Soaker y entré como Bond a una de las habitaciones, riéndome y haciendo travesuras, mientras a John le estaban haciendo su maquillaje en silencio. Bastó una mirada severa por el espejo para callarme. Una mirada que decía: no hay que hacer tonterías aquí, niño. Fue suficiente para que saliera sin decir ni pío. Mi mamá estaba particularmente emocionada de conocer a mi mamá en pantalla, Celia Imrie, una de sus heroínas personales por su trabajo con Victoria Wood. La emoción de mamá se me pegó, pero yo ni sabía quién era. Lo único que sé es que fue fundamental para crear una atmósfera relajada en el set, para que los niños no nos sintiéramos presionados. En cuanto le gritas a un niño en el set, es muy probable que no vuelva a salir de su caparazón. Gracias a la naturaleza de Celia, divertida y maternal, eso nunca pasó.

Y aunque entonces no lo sabía, fue mi primera presentación a la familia de Harry Potter. Jim Broadbent, quien interpretó a mi papá, sería el torpe profesor Slughorn. Jim era un tipo adorable, con un enorme sentido del humor, de voz suave, pero genial para hacer imitaciones graciosas, y siempre muy solidario con los niños. También conocí a Mark Williams que sería Arthur Weasley. Era juguetón —casi infantil— y aunque no grabamos ninguna escena juntos, era muy divertido estar con él. Estoy seguro de que no le hubiera molestado si hubiera llegado corriendo con una Super Soaker. Seguro se me habría unido. Gracias a la presencia relajante y encantadora de Celia, Jim y Mark, nunca me tomé nada con demasiada seriedad.

Se dice que aprendes mejor cuando te diviertes y, casi sin darme cuenta, empecé a hacer justo eso. Supongo que, al estar rodeado de actores de esa reputación, era inevitable que empezara a absorber ciertos aspectos del arte de la actuación, y no hay duda de que *The Borrowers* fue más exigente que los comerciales que le precedieron. Pero lo que recuerdo muy bien haber aprendido, fue el meollo de cómo funcionan los aspectos técnicos en un set de filmación. Eran cosas elementales, pero me ayudó mucho en mi futura carrera. Aprendí a ponerme en el lugar del operador de cámara, así que, si me decían que viera a la izquierda en relación con la cámara, tenía que ver a mi derecha. Aprendí a poner atención a las marquitas de gis en el piso que me decían a dónde podía acercarme sin obligar al primer asistente de cámara a cambiar de foco. Lo más importante, aprendí que cuando escuchas las palabras mágicas "Corre cámara" y rotaba el clic acelerador del carrete, todos en el set tenían que estar listos. En esos días filmábamos en película de 35 mm, así que cada minuto costaba miles de libras.

Esto no quiere decir que siempre haya sido el modelo de profesionalismo y control. Cuando la maestra le dice a cierto tipo de niño que guarde silencio, puede encender la chispa de las travesuras, y seguramente yo tenía más de esa chispa que la mayoría. Solía tener ataques de risa antes de que la cámara empezara a grabar: cuando todos gritaban "¡Silencio!" era provocación suficiente para mí. En general, los adultos se lo tomaban con calma. Sin embargo, en una ocasión sí recibí una regañiza bastante contenida. El director, Peter Hewitt, —un tipo absolutamente agradable y paciente— se me acercó. Al día de hoy recuerdo su mirada: la expresión compungida de un hombre bajo una presión incalculable, con el reloj corriendo y el rollo de la cámara que se acababa, teniendo que convencer a un niño de nueve años que dejara de carcajearse y se pusiera en modalidad de filmar. Imagínenselo.

INTERIOR. SHEPPERTON STUDIOS. DÍA.

PETER

Tom, por favor, es momento de que dejes de
reírte.

(*Tom aprieta los labios. Asiente y se vuelve a
reír*)

PETER

(*Se percibe la desesperación en su voz*)
No, Tom. En serio, es momento de que dejes de
reírte.

(*Tom aprieta los labios. Hay algo en su expresión
que indica que ya entendió que el director habla
en serio. Asiente. Pone cara seria. Y se vuelve
a reír*)

(*Peter cierra los ojos. Respira profundo. Los
abre. Cuando vuelve a hablar lo hace con la
expresión de un hombre absolutamente frustrado
que está haciendo todo lo posible por calmarse*)

PETER

Tom. Por favor. No estoy jugando. Tienes que
dejar de reírte.

(*Y sonríe a medias, como diciendo: ¿estamos?*).

Estamos. Me di cuenta de que me estaban regañando de la manera más amable posible. La cámara empezó a correr y conseguí recobrar la compostura.

Pero si *solo* hubiera trabajado con adultos no me hubiera divertido tanto. Recuerdo que Flora me influyó muchísimo. Era un par de años mayor que yo, pero siempre era chistosísima y era un placer estar con ella. Aunque este era su primer largometraje, sabía cómo desenvolverse en el set y me guio, en sentido literal y metafórico. Se aseguró que me parara en mi señal y que trajera bien puesta mi peluca dudosa. Gracias a ella la pasé genial en *The Borrowers*. Tanto que lloré cuando terminó.

Acabábamos de terminar de filmar. Eran las seis de la tarde y estaba sentado en la silla de maquillaje por última vez para que la maquillista me cortara el permanente naranja. De pronto, me sentí abrumado por un torrente confuso de emociones que no podía entender. Se me llenaron los ojos de lágrimas, pero seamos honestos, el futuro James Bond necesita la fortaleza para mantener sus emociones bajo control. Así que concebí un plan ingenioso. Fingí que la pobre maquillista me había cortado con sus tijeras y grité: "¡Auch! ¡Me cortaste!". Ay, mi plan ingenioso fue más al estilo Baldrick que Blackadder. No me había cortado. Ni siquiera se me había acercado, me dijo. Pero la próxima hora utilicé mi herida imaginaria como pretexto para mis lágrimas incesantes.

En ese momento no lo entendí, pero mis lágrimas me estaban enseñando una lección valiosa. El público puede volver a ver una película las veces que quiera. Siempre está disponible. Para el elenco y el equipo, la relación con una película es más compleja. La magia radica en realizarla y el proceso es una discreta unidad de tiempo en el pasado. Puedes reflexionar sobre esa unidad de tiempo, puedes enorgullecerte de ella, pero no la puedes volver a visitar. Si filmar *The Borrowers* había sido como vivir en mi propio juego de Super Mario, alcanzar el final había sido como llegar a un puesto de control. Podía voltear, pero sabía que nunca volvería a vivir esa parte de mi vida. En los años siguientes, ese sentimiento regresaba al final de cada filmación. Durante meses, han viajado como circo. Han sido parte de una comunidad unida. Han ido a un montón de ciudades. Han compartido el pan. Han actuado juntos. Se han equivocado juntos y lo han solucionado juntos. Han dejado su casa y su familia, y se han quedado en un hotel a kilómetros de distancia, y si bien no todo es risa y diversión, desarrollas un vínculo e intimidad. Y de repente, se termina, y esta comunidad que ha sido tu familia sustituta se dispersa hacia los cuatro puntos de la tierra. Deja de existir. Siempre decimos lo mismo: estaremos en contacto, la próxima nos vemos, reviviremos los viejos tiempos, y sin duda lo decimos con sinceridad. A veces pasa. Pero todos sabemos, en el fondo, que llegamos al puesto de control. Sin importar si tu experiencia en la película fue buena o mala, un momento en el tiempo que fue especial y único ha llegado a su fin y nunca se podrá recuperar. En los años siguientes, aprendí que esto no se volvería más fácil, sobre todo en un proyecto del tamaño de Harry Potter.

Tom, de nueve años, solo podía tratar de entender con torpeza la superficie de estas emociones. Tom, de nueve años, no sabía nada del paso del tiempo. Le interesaba más regresar a la cancha de futbol y el lago con las carpas que analizar sus sentimientos a profundidad. Pero sentado en esa silla de maquillaje, mientras le cortaban el mullet pelirrojo, quizá sintió por primera vez la pérdida de algo valioso.

Era una probada de lo que vendría porque Tom de treinta y tantos años todavía llora inconsolablemente cuando se termina un trabajo.

5.

MIS HERMANOS
YA ESTÁN HARTOS

o

PROYECTILES
EN EL ESTRENO

Siempre recuerdas la primera vez. Por lo menos gracias a mis hermanos, siempre la recordaré.

El estreno de *The Borrowers*, en el Odeon de Leicester Square, no fue mi primera proyección de la película. Esa fue en una sala de proyecciones del Hard Rock Café, un regalo de los cineastas para mí y unos amigos de la escuela. Es un recuerdo bonito y creo que mis amigos lo disfrutaron, pero tal vez influyeron las mini hamburguesas y las Cocas. El estreno fue un asunto mucho más formal. Para nada estuvo en el nivel de lo que vendría más adelante, pero de todas formas fue muy importante. Nadie en mi familia había asistido a un estreno, así que no sabíamos qué esperar y mamá y papá no me pudieron preparar para la experiencia. Había una multitud afuera del cine y esta vez no vitoreaba a Macaulay Culkin, sino a mí y al elenco. Pero creo que no dejé que se me subiera a la cabeza. ¿Ya mencioné que tener tres hermanos mayores te mantiene los pies en la tierra?

Llegamos en un convoy de Morris Minors —los coches clásicos que se usaron en la película— y me bajé en mi elegante traje blanco, corbata negra y camisa blanca (ya conté que desde entonces quería salir en una película de James Bond). Todo fue un poco intimidante así que me le pegué a Flora. Era mi red de seguridad. Llevaba más peso de la película que yo. Era Batman y yo era Robin. Era Harry y yo Ron (casi en sentido literal, en vista de mi pelo naranja). Flora era segura y elocuente, además de increíblemente buena para lidiar con las cámaras y las entrevistas. No me le despegué y seguí su gran ejemplo.

Mientras estaba afuera recorriendo la alfombra roja, mi familia entró al cine. Encontraron a muchas mujeres hermosas y bien vestidas con bandejas de champaña gratis. ¿Cómo supieron que era gratis? Cada uno confirmó el precio preguntando por separado a las mujeres hermosas. Jink, mi hermano mayor, fue quien mejor aprovechó el alcohol de cortesía, como hubiera hecho cualquier adolescente de dieciséis años que se respeta. Y como tuvo que hacer tiempo una hora entre que llegamos y empezó la película, tuvo mucho tiempo para hacerlo. Se echó varias copas en secreto y, cuando llegó la hora, entró tambaleándose al auditorio. Todavía no empezaban los créditos de apertura cuando, de repente, Jink tuvo la necesidad imperiosa de estar en otra parte. Se levantó, avanzó a tropezones entre varios miembros del público molestos en su pasillo, y desapareció.

Pasaron cinco minutos. No había señal de Jink. Mi papá murmuró algunas groserías y se levantó para ir a buscar a su primogénito. Como era de esperarse, estaba en un cubículo en el baño, de rodillas, abrazando la porcelana mientras expulsaba toda aquella champaña gratis. Mi papá esperó parado afuera del cubículo, en traje y botas, mientras Jink vomitaba hasta el alma. ¿Y la cereza del pastel? Entró un cliente y, al ver a mi papá parado en su traje, lo confundió con el empleado de los baños y le dio una libra de propina. No era, para nada, como esperaba que transcurriera su noche (aunque se quedó con la libra).

Entonces, Jink se perdió la película, mi papá se perdió la película y la celebración no había terminado. Después nos esperaba una fiesta descomunal que se llevó a cabo en una bodega enorme adornada con la utilería gigante de la película, con música, juegos, dulces y —adivinaron— más champaña gratis. Esta vez le tocaba a Ash —de trece años de edad y quien siguió los pasos de su hermano mayor— probar las frutas de la campiña francesa. Después de empinarse varias copas, decidió que sería buena idea entrar al enorme castillo inflable con Chris. *No* lo fue. En el castillo inflable había niños de la mitad de su edad y tamaño. Por accidente, Chris le dio un rodillazo a un niño de nueve años en la parte trasera de la cabeza. Para que su hermano mayor no lo superara, Ash dio unos brincos y después vomitó de forma espectacular como un proyectil en la esquina del castillo. Salió a gatas del castillo, eructó muy fuerte y anunció: "¡Ya me siento mejor!".

En general, creo que se podría decir que el comportamiento de los hermanos Felton esa noche fue variado, por ser generoso. Pero no permití que me molestara. Me la pasé muy bien. A fin de cuentas, no tenía grandes esperanzas de ser actor, mucho menos estrella de cine. Ya había tenido mi momento de gloria y era probable que este fuera mi primer y último estreno de una película. ¿Verdad?

6.

ANNA Y EL REY

O

CLARICE Y HANNIBAL

No voy a mentir. Aunque nunca consideré que tuviera un talento especial para actuar —y no tenía la sensación de que cumpliría la profecía de Anne del club de teatro— sí estaba satisfecho con *The Borrowers*. Creía que lo había hecho bien. Era divertido verme en la pantalla grande. Tal vez era una arrogancia espantosa. O tal vez quería decir que carecía de la autoconsciencia y la autocrítica propias de un adulto.

Me encanta ir al teatro. Voy por las actuaciones, por supuesto, pero también para experimentar las reacciones de un público frente a una obra de arte. Una de las respuestas más conmovedoras que he visto fue en el musical de *Matilda*, en donde me senté junto a un niño pequeño que no tenía más de cinco años y que iba con su mamá. No podía despegar los ojos del escenario. Seguro apenas podía seguir la historia. Y seguro que no entendió la mayoría de los chistes. Simplemente estaba perdido en la experiencia. Para mí fue muy conmovedor. No hubiera tenido sentido preguntarle si le *gustó* la obra. Era muy pequeño como para ser crítico y me recordó a esa época previa a sucumbir a la tiranía adulta de la crítica y la consciencia de uno mismo.

Hoy, cada que alguien me pregunta algo sobre la actuación, mi consejo siempre es el mismo. Sé juguetón. Incluso infantil. No participes en el análisis tedioso de los adultos. Olvida lo que está bien y lo que está mal. Es un mantra que me ayuda mucho. Con frecuencia intento obligarme a ser como el pequeño Tom en *The Borrowers*, o ese niñito viendo *Matilda*, libre de la restricción paralizante de la consciencia de uno mismo.

Cuando audicioné para mi siguiente gran película, todavía conservaba algo de esa libertad. *Anna y el rey* era un ascenso de *The Borrowers* en cuestión de escala y prestigio. Jodie Foster —una enorme estrella de Hollywood— tenía el protagónico, la filmación sería en Malasia y duraría cuatro meses. El proceso de casting fue mucho más riguroso que cualquier otro que había hecho. Fui a dos o tres audiciones en Londres y después, cuando faltaban las últimas dos, viajé a Los Ángeles a una audición final.

En retrospectiva, ya como adulto, me doy cuenta de que este fue un momento especial, pero seguía siendo un niño y no comprendía que esto fuera tremendamente extraordinario. A mamá y a mí nos subieron a un avión a Los Ángeles y nos hospedaron en un hotel inmenso, una locura que, para mi total deleite, no solo tenía alberca techada, también jacuzzi. ¿A qué niño no le fascina un jacuzzi? ¿Qué niño no finge, con mucha gracia, que es una enorme caldera de pedos? ¿O solo era yo? Me interesaba mucho más volver a estar rodeado del servicio a la habitación y Cartoon Network que la propia audición. Recuerdo que la mamá del otro niño que estaba audicionando para el papel era mucho más activa que la mía. Repasaba los parlamentos con él, casi lo dirigía. Mi mamá jamás hizo algo así. Nunca intentó entrenarme, nunca me dijo cómo decir algo, siempre me animó a confiar en mis instintos. En muchos sentidos, no estaba para nada preparado, pero creo que me quedé con el papel por mi actitud. ¿Recuerdan a la niña

Mamá Ganso? Otra vez fui lo opuesto. Entré a la audición de Hollywood sin ansiedad ni prejuicios. Era Tom normal y creo que era lo que estaban buscando. Querían ver que estuviera a gusto con 12 personas observándome, con sus libretas, susurrándose al oído, porque si no lo estaba, no iba a estar cómodo en un set de filmación. Querían confirmar que pudiera decir un diálogo de muchas maneras. Sobre todo, creo que querían ver si estaba relajado, y creo que lo que más me ayudó fue que quería que terminara la entrevista para regresar al hotel y meterme al chistosísimo caldero de pedos.

Mamá y yo regresamos a casa en Surrey y no pensé mucho más en la película. Todavía me interesaba más entrar al equipo A de futbol. Tal vez tenía más oportunidades ahora que lucía un corte más moderno. Un par de semanas después, mamá me recogió de la escuela y, de camino al coche, me dijo que tenía una noticia:

—¡Te quedaste con el papel!

Sentí una ola de emoción.

—¿En serio?

—En serio.

Sentí una ola de hambre.

—Ma, ¿me trajiste un dedo de queso?

Estaba obsesionado con los dedos de queso. Todavía. Mucho más que con hacer películas.

La decisión estaba tomada: mamá y yo nos íbamos cuatro meses a Malasia. A duras penas sabía que existía Malasia y nadie en mi familia había estado en Asia. No teníamos idea de qué nos esperaba, pero los dos estábamos muy emocionados. Mamá renunció a su trabajo y nos fuimos.

Hubieran sido cuatro meses muy solitarios sin mamá. Fue la primera vez que me separaba de la normalidad de un día en la escuela con mis amigos, y lo extrañé. En ese entonces no había redes sociales. No tenía celular. No creo haber hablado con mis amigos más que una o dos veces en cuatro meses. Mi papá y mis hermanos nos visitaron una vez, durante una semana. Era el único niño occidental en el set, lo cual fue un poco confuso, pero no tardé en hacer amigos con los locales.

También tuve mi primera experiencia de tutoría personalizada que tenía lugar entre tres y seis horas al día en un frío edificio portátil con corrientes de aire y una ventanita. Y aunque mi tutora, Janet, era una mujer encantadora e inteligente, extrañaba el ajetreo del salón de clases, la cercanía con mis amigos y sí, la oportunidad de hacer el tonto. Es difícil ser el payaso del salón cuando eres el único en tu salón. Las tutorías en el set fueron una característica de mi infancia y me temo que nunca me encantaron. En ese entonces mi obsesión era patinar. Cuando no estaba filmando o en clases, fastidiaba a mi madre para que me tomara fotos haciendo rutinas y trucos falsos en los patines para enviarlos a mis amigos y enseñarles que me la estaba pasando genial. Pero no creo haber engañado a nadie.

Es verdad que a veces me sentía solo en Malasia, pero sí conocí a mucha gente con vidas de todo tipo y no exagero cuando digo lo mucho que esa riqueza cultural me ayudó más adelante. Mi mamá se esforzaba para facilitarme la experiencia. El presupuesto de la película era enorme, lo cual quería decir que el catering estaba en otro nivel. Servían increíbles platos de cinco estrellas en una carpa enorme, salteado esto y trufado aquello. Yo no comía nada de eso. Mi gusto para la comida era muy sencillo (todavía lo es) y comía poco. Estaba más feliz con un chocolate y una bolsa de papitas que con cualquier platillo fino que servían. En un intento por que comiera otra cosa que no fueran dulces, mamá se aventuraba en el coche a buscar mis nuggets de pollo favoritos de KFC. No le gusta mucho manejar en las tranquilas carreteras de Surrey, mucho menos en las autopistas atiborradas del centro de Kuala Lumpur, pero las desafió. Gracias a ella, me salvé de una terrible intoxicación que tumbó a los actores y al equipo técnico durante una semana. Así que no me vengan con que los nuggets de pollo siempre te hacen mal.

Como cualquier niño, tenía mis días libres cuando la nostalgia y el aislamiento eran demasiado. Recuerdo pasar varias mañanas llorando porque ya no quería seguir. Recuerdo cómo me sudaba el trasero en un traje de lino de seis piezas que tardaba una hora en ponerme y quitarme. Recuerdo suplicar, llorando, que me dejaran ir a casa. Pero para la tarde ya me había tranquilizado y todo estaba bien.

Por supuesto, estaba Jodie Foster.

Mis hermanos llevaban años intentando que viera *El silencio de los inocentes*, pero con toda razón, mamá había detenido sus intentos de matarme de un susto (aunque consiguieron enseñarme *Terminator 2* a escondidas). Así que no tenía claro qué tan famosa era Jodie. Por supuesto, me *contaron* que era muy importante, así que me pudieron haber perdonado por creer que era más el tipo de John Goodman que el de Mark Williams. Si lo pensaba, estaba equivocado. Jodie Foster no pudo haber sido más encantadora. En el transcurso de los años aprendí que, en un set de filmación, todo se filtra desde arriba. Si el actor cuyo nombre aparece hasta arriba en el llamado es difícil, toda la filmación lo será. Jodie Foster —y su coprotagonista Chow Yun-Fat— mostraron amabilidad, cordialidad y, lo más importante, entusiasmo por el proceso. Jodie incluso logró mantener la calma cuando la pateé fuerte en la cara.

Estábamos filmando. Jodie interpretaba a mi madre, quien había llegado a la corte del rey Siam para impartir educación occidental a su harem e hijos. Mi personaje Louis se pelea con otro niño que lo tira al piso. Jodie tiene que intervenir para separarnos. Yo estaba pateando a ciegas cuando le di en la boca. No esquivó el golpe. Le di con todo y estoy seguro de que otros actores habrían dicho algo. Jodie no. Fue un encanto absoluto, incluso cuando en la fiesta de cierre mostraron el momento de impacto varias veces durante los *bloopers*.

• • •

Vamos a adelantarnos unos años. Estoy en mis veintes y llega una solicitud para audicionar. Es para una película titulada *Hitchcock*, sobre la producción de *Psicosis*, que protagoniza *Sir* Anthony Hopkins. Así que después de hacer una película con Jodie Foster de niño, estaría padre tener una victoria redonda con *El silencio de los inocentes* y trabajar con los dos protagonistas, ¿no?

Tal vez no. La audición llegó en la mañana y me llamaron para esa misma tarde. Apenas había tiempo de leer el guion, mucho menos investigarlo. Estaba leyendo para el papel de Anthony Perkins, quien interpreta a Norman Bates. No había visto la película así que vi material de archivo suyo y de inmediato me pareció evidente que no estaba hecho para el papel. Él medía casi 1.89 metros. Yo no. Él tenía pelo y ojos castaños. Yo no. Él exudaba una especie de amenaza psicópata. Yo… bueno, los dejo juzgar por ustedes mismos.

Fue una de las pocas veces que llamé a mi agente desde el coche afuera del edificio para decirle: "¿De verdad tengo que hacerlo? No creo ser adecuado para el papel. Quizá en otro momento se presente la oportunidad de trabajar con Anthony Hopkins en un proyecto más adecuado". Estuvieron de acuerdo, pero me convencieron para ir de todas formas, para que me vieran el director y los productores.

Así que fui. Estaba sentado afuera de la sala de audiciones. Se abrió la puerta y salió la actriz estadounidense Anna Faris, quien había audicionado antes que yo. En un susurro dramático y en voz alta, señaló a la sala y dijo:

—¡Ahí está!

¿Quién está? Se había ido antes de poder preguntarle. Entré a la sala de audiciones. Como esperaba, vi a una fila de productores, vestidos impecable, junto al director.

Como no esperaba, también vi al propio *Sir* Anthony Hopkins, en ropa casual, sentado y listo para leer conmigo. Para entonces ya había visto varias veces *El silencio de los inocentes*. Ahora estaba a punto de leer una escena con Hannibal Lecter, y no estaba preparado, para nada.

Se me comprimió el estómago. Me cagaba de miedo, era consciente de que no me sabía el guion, no conocía al personaje. No sabía nada de la película y ni siquiera me parecía que debía estar ahí. Pero ahora estaba comprometido. Así que nos dimos la mano y me senté frente a él.

Empezamos. *Sir* Anthony empieza a leer la primera línea. Yo leo la mía con un acento estadounidense mediocre. Se me queda viendo. Parpadea. Sonríe. Hace a un lado su guion y dice:

—Vamos a hacer una cosa. Olvidemos el guion. Vamos a hablarte como si fueras el personaje. Vamos a averiguar si *conoces* bien a este personaje.

¿Conocer a este personaje? Con trabajos me sabía su nombre. No sabía nada de él. Esto excedía mis capacidades por completo.

—Ok —contesté en una voz muy aguda.

Sir Anthony me miró con intensidad.

—Cuéntame, dime qué le parece a tu personaje… el *asesinato*.

Lo miro, intentando igualar su intensidad a lo Hannibal Lecter. Y respondí… La verdad me gustaría recordar qué dije. Fue algo tan absurdo, tan vergonzoso, lo suficiente para traumarse, que mi cerebro lo bloqueó de mi memoria. Me hizo más preguntas, cada una más peculiar que la última. ¿Qué le parece a tu personaje esto? ¿Qué le parece a tu personaje lo otro? Mis respuestas fueron de vergonzosas a directamente raras. Hasta que por fin preguntó:

—¿Qué le parece a tu personaje… los niños?

—¿Los niños?

—Los niños.

—Hummm —respondí.

—¿Sí? —dijo Sir Anthony.

—Hummm —dije.

—¿Qué le *gusta*? —dijo *Sir* Anthony.

—Le gusta… le gusta… la *sangre* de los niños —respondí.

Silencio estupefacto. Lo miré. Me miró. Los productores se vieron entre ellos. Quería esconderme en la esquina y morir.

Sir Anthony asintió. Se aclaró la garganta y con mucha cortesía dijo con una sonrisa apenas visible:

—Gracias por venir.

Es decir: esto fue atroz, por favor retírate antes de que digas algo peor.

El alivio de salir del edificio fue mayor que la actuación, mediocre y vergonzosa, con *Sir* Anthony. No por mucho, pero lo suficiente para mí como para llamar emocionado a algunos de mis amigos para contarles la anécdota de la peor audición del mundo.

7.

LAS AUDICIONES
PARA POTTER

o

CUANDO DRACO
CONOCIÓ A
HERMIONE

HASTA LOS ONCE AÑOS, ESTUDIÉ EN UNA ESCUELA PRIVADA PARA NIÑOS, un poco fresa, llamada Cranmore. No era Hogwarts, olvídense de las torrecillas y lagos y amplios salones. Pero era un lugar muy académico. Un lugar en donde era cool estar en el cuadro de honor y en el que te respetaban por tener buenas calificaciones y no por, no sé, irte de pinta para hacerte el payaso en un set de filmación. Mi abuelo ayudó a financiar mi colegiatura. Era un académico —diré más sobre él más adelante— y en vez de ahorrar para la universidad, ayudó a que los cuatro recibiéramos educación privada desde niños. La idea era martillarnos con estudios académicos cuando éramos jóvenes e impresionables.

Si tengo habilidades académicas en lo mínimo —aritmética elemental, la idea de que leer es algo que se disfruta—, se derivan por completo de esos años en Cranmore. Sin embargo, para cuando casi se terminaba mi temporada en la escuela privada, me empezaba a dispersar. Recuerdo muy claro que, durante mis últimos meses, teníamos media hora después del lunch en la que un profesor nos leía en voz alta. Un día escogió un libro sobre un niño que era mago y vivía debajo de las escaleras. Para ser honesto,

81

no hubiera importado mucho qué hubiera leído, habría reaccionado igual, es decir: "¡Venga! ¿Un niño mago? No es lo mío".

A los once me cambié de escuela. Mi nueva escuela estaba más cerca de casa y era mucho más normal. Se llamaba Howard of Effingham, y si Cranmore me enseñó a leer, escribir y de aritmética, Howard me enseñó a socializar con todo el mundo. Por primera vez, vi a alumnos contestarle a los profesores, casi impensable en Cranmore. Vi a niños fumar en las instalaciones de la escuela y cómo regresaban a las niñas a sus casas porque sus faldas eran demasiado cortas. Desde luego, no tenía idea de qué me deparaba el futuro, pero a la fecha creo que mi vida hubiera sido muy diferente si no me hubiera cambiado de escuela. Las escuelas privadas y los sets de filmación son entornos fuera de lo común. Howard of Effingham me dio una dosis saludable de normalidad.

Con esto no quiero decir que la transición haya sido fácil. La primera semana en sexto de primaria todos tenían que llevar el uniforme de la escuela de la que venían. Para la mayoría implicaba ponerse lo mismo: una playera y shorts. Para mí y otro niño —mi amigo Stevie—, esto era un gorro marrón, un blazer y calcetines hasta las rodillas. En breve, implicaba parecer un completo idiota, y no faltaron los que me lo dijeron. No fue la mejor presentación, pero en retrospectiva, me gustó el cambio. Crecí creyendo que la forma de progresar en el mundo era siendo un cerebrito. Empezaba a aprender que una habilidad mucho más importante y efectiva era la capacidad de comunicarte con personas de todo tipo. Y estar en un entorno más normal me ayudaría con eso, se convertiría en una ventaja a medida que otros aspectos de mi vida se volvían menos ordinarios.

Hasta entonces, me había salido con la mía siendo un niñito impertinente. De hecho, más que salirme con la mía: me habían dado papeles en el cine. Pero llega un punto, cuando llega la adolescencia, que esa impertinencia se convierte en otra cosa. Me volví un poco insoportable. Un poco disoluto. No me malinterpreten, vivía en una zona agradable de Surrey y en cuanto a disolutos se refiere, era bastante *snob*. La verdad estaba haciendo todo lo posible por encajar en mi nuevo entorno. Hacía lo posible por ser común y corriente.

Y *era* común y corriente. Sí, tenía un poco de experiencia como actor. Había hecho algunos comerciales y un par de películas. Pero a nadie le importaba. A mis nuevos amigos les interesaba más patinar, la pirotecnia amateur y compartir un cigarro detrás de los estacionamientos para bicis. Ni siquiera creo que *a mí* me importaba mucho el cine. Era un negocio complementario divertido, y nada más. No tenía intención de tomarme en serio la actuación. Si nunca volvía a salir en otra película, estaba bien.

Y tal vez eso sucedería. Empecé a caminar con cierto pavoneo. Me estaba volviendo un poco arrogante. Seguro nadie querría darle un papel a un niño con esas cualidades, ¿o sí?

· · ·

Cuando mis agentes me pidieron audicionar para una película titulada *Harry Potter y la piedra filosofal*, no tenía idea de que sería distinta, en cuanto a la escala, a los trabajos que había hecho. En mi mente era otra *The Borrowers*: una película con un presupuesto relativamente alto con muchos niños, y si jugaba bien mis cartas, un papel para mí. ¿Pero qué pasaría si no me quedaba? Nada. No era cuestión de vida o muerte. Era muy probable que llegara otra oportunidad.

Solo que al poco tiempo me quedó claro que había diferencias, por lo menos por el proceso de las audiciones. Se trataba de audiciones abiertas. Mis agentes me pidieron asistir, pero la inmensa mayoría de los niños había llegado porque amaban los libros de Harry Potter. Creo que es muy probable que yo haya sido el único niño en toda la audición que no tenía ni idea de qué eran ni la importancia que tenían para la gente. Sin duda hacía mucho había olvidado esas sesiones de cuentacuentos después del almuerzo sobre el niño mago.

El proceso de audiciones fue más largo y extenso que cualquier otro que me había tocado. Sí, no hubo viajes a Hollywood, pero el casting fue mucho más complejo que de costumbre. Había miles de niños. Requirió mucho tiempo para darle a cada uno su oportunidad individual de tener éxito. Debió haber sido agotador para el equipo de casting. Llegué con mi falta de entusiasmo evidente de siempre. Mientras que los otros niños estaban emocionadísimos con la posibilidad de estar en la película, y era obvio que se sabían el libro de memoria, yo era lo opuesto.

Nos pararon a treinta en una fila. Uno de los adultos —que después supe que era el director, Chris Columbus— se paseó por la fila preguntándonos qué parte del libro estábamos más emocionados de ver en pantalla. Recuerdo que la pregunta no me impresionó. Recuerdo que a medida que fui escuchando las respuestas, fuerte y claro —¡Hagrid! ¡Fang! ¡Quidditch!— , me preguntaba si ya me podía ir a casa. Hasta que le tocó al niño a mi lado me di cuenta de que no solo no había pensado para nada en la pregunta, no tenía ni la más remota idea de qué estaban hablando. ¿Quién era Hagrid? ¿Qué era Quidditch? Mi vecino anunció que estaba muy emocionado de ver Gringotts y pensé, *¿Qué diablos son? ¿Animales voladores?*

No tuve tiempo de averiguar. Chris Columbus llegó a mi lugar.

—¿Qué parte del libro tienes muchísimas ganas de ver, Tom?

Me quedé helado. Se produjo un silencio incómodo en la sala de audiciones. Le dediqué mi sonrisa más encantadora y señalé al niño de Gringotts.

—¡Igual que él! —dije. Aleteé un poco los brazos —¡Me muero de ganas por ver a esos Gringotts!

Se produjo un silencio tenso.

—¿Es decir que tienes ganas de ver Gringotts...? ¿El banco? —dijo Columbus.

—Ah, sí —respondí de inmediato— ¡El banco! ¡Muchas ganas!

Me miró largo y tendido. Sabía que lo estaba choreando. Yo sabía que él sabía que lo estaba choreando. Asintió y avanzó en la fila para recibir una serie de respuestas informadas y entusiastas.

Ni hablar, pensé. *A veces se gana, a veces se pierde.*

Pero la audición no había terminado. Columbus anunció que íbamos a hacer una pausa.

—Chicos, pueden relajarse aquí. Nadie los va a filmar, hagan lo que quieran —dijo.

Por supuesto, era un timo. Las cámaras estaban grabando y del techo colgaba un enorme micrófono boom con cubierta afelpada. Ya había estado en varios sets, sabía qué estaba pasando y me sentí muy valiente. No estaba dispuesto a caer en su trampa. Se me acercó una niña pequeña y curiosa. Tenía pelo chino y castaño, no podía tener más de nueve años. Señaló el micrófono boom.

—¿Qué es eso? —preguntó.

Levanté la vista, cansado del mundo y un poco engreído. Incluso pude haber puesto cara de desdén.

—¿Qué es qué?

—Eso.

—Quiere decir que nos están grabando. Obvio. —Me di la vuelta y me fui; dejé a la niña viendo la sala con los ojos bien abiertos. Más adelante me enteré de que se llamaba Emma Watson. Era su primera vez en un entorno de filmación. No sé si alguien escuchó nuestro pequeño intercambio, pero si lo hicieron, sin duda habrán visto un poco de Slytherin en mí.

La última parte de la audición era una entrevista con Columbus, a solas. Es difícil audicionar a un niño. Si somos realistas, ¿qué tan bien lo pueden hacer si solo les entregas un monólogo y los dejas en el escenario? Sin embargo, Columbus tenía talento para sacarnos lo que quería ver. Ensayamos una escena corta en la que Harry le pregunta a Hagrid sobre un huevo de dragón. Como no es fácil conseguir huevos de dragón de verdad, la utilería consiguió un huevo de gallina normal. La escena era sencilla. La ensayamos una vez y luego prendieron las cámaras.

INTERIOR. UNA SALA DE AUDICIONES. DÍA.

TOM
(*como Harry*)
¿Qué es eso, Hagrid?

COLUMBUS
(*con su mejor voz de Hagrid*)
Un Ridgeback noruego, es muy valioso.

TOM
¡Wow! ¡Un huevo de dragón de verdad! ¿En dónde lo conseguiste?

COLUMBUS
Son muy raros, estos, 'Arry. Es muy difícil encontrarlos.

TOM

¿Puedo agarrarlo?

(*Una pausa*)

COLUMBUS

Está bien, pero con mucho cuidado, es muy frágil...

Con delicadeza, me empieza a pasar el huevo, pero cuando está a punto de dármelo, lo tira a propósito. El huevo se revienta en el piso. Hay dragón por todas partes. Observa mi reacción. Creo que la mayoría de los niños hubiera sentido la necesidad de decir algo o se hubiera alarmado por el giro inesperado de la escena. Dejé escapar una risita, patancito.

Evidentemente, mi descaro —o arrogancia, como quieran llamarle— no me impidió progresar. Me volvieron a llamar varias veces después de ese día. Leí un par de veces para el papel de Harry y también para Ron. En esta ocasión leímos unos parlamentos cortos de la película, que no significaron nada para mí porque todavía no tenía ni idea de quién era este mago que vivía bajo las escaleras ni su amigo pelirrojo. Me dieron lentes redondos y me pintaron una cicatriz en la frente. Pasé todo el día en el estudio con los demás en la lista de finalistas. En un momento me pintaron el pelo de rojo, aunque por suerte me libré de otro mullet pelirrojo con permanente. Empecé a contemplar que tal vez estaría muy cool interpretar a este chico Harry Potter...

Pero las audiciones terminaron y no supe nada en semanas. Ni hablar. Si no tienes noticias es buena señal, ¿no? Pues no.

Nuestras vacaciones anuales fueron en Eurocamp en Francia. Mamá, papá y los cuatro Felton nos subimos a nuestra vieja Transit azul que tenía la costumbre de descomponerse a medio camino. Sin duda fueron las mejores vacaciones de mi vida. Baguettes frescos. Descubrir la Nutella. Recuerdo que ese verano jugaba alrededor de las casas de campaña, y un día estaba jugando con mi yoyo mientras mamá leía el periódico. Me llamó para enseñarme una foto.

En la foto salían dos niños y una niña. Uno de los niños tenía el pelo castaño. El otro era pelirrojo. La niña tenía el pelo chino y largo y de inmediato la reconocí, era la niña con quien me había portado poco amable en la audición. El encabezado leía: "Revelan el elenco de *Harry Potter*".

Fingí indiferencia.

—Ni modo, a la otra.

Y me fui a seguir jugando con mi yoyo. No voy a mentir, sentí una punzada de decepción. Pero la dominé rápido y diez minutos después ya lo había superado. Tal vez hubiera sido divertido ser un mago, pero no iba a pasar, así que lo mejor era disfrutar mis vacaciones y jugar con mi yoyo en el sol.

• • •

Desde luego, me volvieron a llamar. No me querían para Harry ni Ron (ni Hermione). Tenían otro papel en mente. Draco Malfoy, al parecer, el chico malo.

Me gustaría decir que, después de ser parte de las audiciones, el Tom de doce años se sintió inspirado para esconderse a leer los libros de Harry Potter, pero no fue así. Y creo que ayudó. Los cineastas no estaban buscando a actores sino a personas que *fueran* esos personajes. Con Daniel, Rupert y Emma, le atinaron.

Prácticamente *son* —o fueron— Harry, Ron y Hermione. Y si bien me gusta pensar que Draco y yo no éramos *idénticos*, sin duda llamó la atención mi indiferencia general. ¿Acaso Draco habría ido a casa a devorar, como Hermione, los libros de Harry Potter? No lo creo. ¿Hubiera sorteado una pregunta sobre qué personaje le emocionaba más ver en pantalla a base de puro ingenio y palabrería? Seguramente.

Tenías que representar el papel, pero lo más importante, parecerte al personaje. Decidieron que necesitaban verme con pelo blanco. Significó la primera de muchas decoloraciones que se convertirían en la norma en mi vida por los siguientes diez años. Definir mi primer peinado de Malfoy tomó más tiempo de lo esperado. No nada más puedes ir de un color al otro, sobre todo si el resultado final es más claro. Es cuestión de aplicar varias capas de peróxido y después tinte. La primera vez, el peróxido me quemó la cabeza. Sentía hormigas que me estaban comiendo el cuero cabelludo. Agonía. Después dijeron que lo tendrían que hacer de nuevo y les rogué que no lo hicieran. Ignoraron mis súplicas: regresé a la silla del estilista. Al principio necesité seis o siete rondas en varios días para lograr el tono. Era importante para los cineastas que el color fuera perfecto. Necesitaban ver cómo se veía el rubio de Malfoy al lado del rojo de Weasley y el castaño de Granger. Pasé horas haciendo pruebas frente a las cámaras en muestras de distintos colores para darles una idea de cómo me veía en el uniforme negro de Hogwarts, por ejemplo, o en el uniforme verde y plateado de Quidditch de Slytherin.

Y necesitaban saber cómo me veía en pantalla junto a Harry, Ron y Hermione. Los tres protagonistas estuvieron en mis últimas audiciones para confirmar el contrapeso de nuestros tonos, alturas y apariencia en general. Llegamos a un punto del proceso de audición en donde debíamos leer una escena juntos —no más perder el tiempo con huevos de gallina—, así que hicimos el primer encuentro de Harry y Draco.

Soy un año mayor que Rupert, dos años mayor que Daniel y casi tres años mayor que Emma. A medida que íbamos filmando las películas, la diferencia de edad se fue volviendo menos importante. Pero hay una gran diferencia entre un niño de doce años y una niña de nueve, y recuerdo que yo me *sentía* mucho mayor. Esos primeros momentos fueron igual de incómodos que cuando se conocen los niños. Todos éramos tímidos (Rupert no tanto). Fuera de cámara, seguro yo me portaba un poco distante con estos niños chiquitos. Recuerden que era producto de una familia con tres hermanos mayores, y su antipatía adolescente se me había pegado. Sin duda eso se manifestó en las pruebas ante las cámaras. ¿Pero me ayudaría a quedarme con el papel?

• • •

Una o dos semanas después, estaba en el jardín de casa de mi amigo Richie, jugando futbol. Su mamá, Janice, gritó desde la ventana: "¡Tom, te habla por teléfono tu mamá!".

Me sentía molesto. Iba perdiendo. Entré corriendo a la casa y levanté el auricular con impaciencia, resoplando.

—¿Sí?

—¡Te quedaste!

—¿Qué cosa?

—¡Con el papel!

—¿Qué papel?

—¡Draco!

Se produjo un silencio mientras lo procesaba.

—Cool, va a ser divertido —y después dije—: ¿Ma, puedo colgar? Voy perdiendo 2-1.

Me gustaría decir que hubo fuegos artificiales, pero solo quería regresar a jugar fut. Regresé al jardín. Richie estaba agarrando la pelota, impaciente. Era muy raro que tuviera ganas de contarle a mis amigos qué hacía en esta otra parte de mi vida. La indiferencia que encontré en Crazy Tots hacía unos años me había enseñado que era muy improbable que les interesara, ni un poquito. Pero en esta ocasión, *sí* tenía ganas.

—¿Qué pasó? —preguntó Richie.

—No mucho. Me quedé con un papel. Va a estar divertido.

—¿Qué es?

—Harry Potter. Soy el malo.

—¿Harry qué?

—No importa. ¿Terminamos el partido o qué?

Perdí ese partido, pero me quedé con el papel.

Y así empezó todo.

8.

LA LECTURA
DEL GUION

o

UN BESITO EN
EL TRASERO

Los guiones estaban listos. El elenco, completo. Pero el primer día de filmación no puede ser la primera vez que el elenco conoce el guion. Los cineastas necesitan saber si todo va a funcionar cuando corran las cámaras, y si todo suena como debería. Por eso necesitas una lectura previa. La clave está en el nombre. Te sientas frente a una mesa y lees el guion en voz alta.

Ya había estado en varias lecturas, pero nada se le comparaba a esta en escala. Fue abrumador cuando vi el tamaño del elenco. Llegamos a un hangar enorme en los Leavesden Studios y encontramos mesas cuadradas inmensas de seis por seis metros y a un grupo de actores adultos, actores niños y los chaperones de los niños. Los niños nos saludamos y platicamos un poco, pero como mi personaje, yo era un presumido. Pidieron a los chaperones que se sentaran afuera del hangar, mientras mi mamá se acomodó con una rica taza de té, yo me senté en mi lugar en la mesa imponente. Eché un vistazo y vi a quienes serían parte de mi vida los próximos diez años. Ya había conocido a Daniel, Rupert y Emma, por supuesto. Y ahora parece raro decirlo, pero sus caras no eran las más famosas en ese hangar, tampoco es que entonces me hubiera dado cuenta. En ese espacio estaban reunidos algunos de los actores británicos más reconocidos de los años recientes. *Sir* Richard Harris estaba en un extremo de la mesa, *Dame* Maggie Smith en otro. Richard Griffiths, John Hurt, Julie Walters… Estaba rodeado de la realeza actoral, pero la verdad es que no sabía quién era la mayoría. Estaba nervioso, pero si hubiera sido consciente de con quién estaba, hubiera estado *mucho* más nervioso.

Había excepciones. En la mesa también estaba un hombre de semblante serio y nariz distinguida que me parecía conocido. Era Alan Rickman y yo estaba aterrado, no por la amenaza que exuda como Severus Snape, sino porque me encantaba la película *Robin Hood: Príncipe de los ladrones* y estaba obsesionado con la actuación de Alan como el cruel sheriff de Nottingham. Estar en el mismo lugar que el propio sheriff fue suficiente para penetrar incluso mi fachada de arrogancia pueril. En otra parte de la mesa estaba un hombre de semblante menos serio con una mueca cómica que me hace reír incluso ahora. Rik Mayall era mi héroe y el de mis hermanos, sobre todo de Ash. Habíamos crecido viendo *The Young Ones* y *Bottom* y Rik Mayall siempre nos tiraba al piso de risa. Moría de ganas por llegar a casa y contarle que había conocido a "Rik, la P es muda". Tal vez estaba rodeado de *Dames* y *Sirs*, pero no podía creer que estaba en la misma habitación que Rik.

Tenía el guion enfrente. Lo hojeé, me concentré en mi parte, pero no lo había leído completo. En las siguientes películas, los guiones tenían marcas de agua individuales, si uno se filtraba, sabrían quién había sido. Estos no tenían marca de agua, pero no lo digo para restarle importancia. El guion era el evangelio. Con toda razón, Jo Rowling era muy protectora con sus historias, y mantenía a Steve Kloves, quien había adaptado los libros al cine, a raya. Por supuesto, no podía incluir todo o las películas hubieran durado siete horas. Pero cuando el guion se aprobaba, casi no tenían espacio para maniobrar. Dicho esto, era importante escucharlo en voz alta porque solo entonces puedes identificar las partes que no funcionan, están muy lentas o aburridas. Y aunque entonces no lo sabía, la lectura del guion puede ser un procedimiento despiadado para los actores involucrados. Si cuando los realizadores lo escuchan en voz alta y no les gusta el acento de una persona en relación con el de otra, o algo no suena bien, no se tocan el corazón para eliminar o sustituir al actor implicado. Y eso le pasó a Rik Mayall, aunque no en la lectura de guion. Interpretó a Peeves, el espíritu travieso, y filmó todas sus escenas. Creerían que no podría haber mejor casting, pero por algún motivo, cortaron su parte.

Todos en la mesa nos presentamos. "Hola, soy David Heyman y soy uno de los productores", "Hola, soy Daniel y voy a interpretar a Harry Potter", "Soy Richard y soy Albus Dumbledore", "Soy Tom y soy Draco Malfoy". Robbie Coltrane y Emma Watson estaban sentados uno al lado del otro. Cuando les tocó presentarse, intercambiaron identidades. "Soy Robbie y voy a interpretar a Hermione Granger", "Soy Emma y voy a interpretar a Rubeus Hagrid". Me pareció chistosísimo entonces —que el enorme Robbie y la diminuta Emma intercambiaran papeles— y era clásico de Robbie Coltrane reducir la tensión en el set con su genial sentido del humor. Entendía que no puedes tener un set lleno de niños e intentar tomarte todo con demasiada seriedad, y tenía el don de aligerar la atmósfera.

De todas formas, yo estaba nervioso. Empezó la lectura del guion. Todos estuvieron increíbles. Sentía que se acercaban mis primeras líneas, muchas páginas antes. Había subrayado mi diálogo y había doblado las páginas en las que aparecía. Repetí los parlamentos una y otra vez en mi mente. "Entonces es verdad, lo que están diciendo en el tren. Harry Potter está en Hogwarts".

De repente tuve un flashback a ese momento hacía años, cuando había sido el Árbol número uno, había olvidado mi parlamento y me había ido corriendo llorando. Seguro eso no pasaría ahora...

Llegó el momento. Dije mi línea y todo salió bien. Ya no estaba tan nervioso. A la mitad, hicimos una pausa. Rik Mayall se levantó de un brinco y gritó: "¡Unas carreritas a los baños!". Salió corriendo como un demente flautista de Hamelín, con 20 niños corriendo tras él, yo el primero.

Hacer una película es cosa seria. La gente invierte mucho dinero en el proyecto, se ha arriesgado y quiere ver que su inversión se gestione adecuadamente. Había muchos peces gordos ese día en la lectura del guion haciendo justo eso. Pero tenía la sensación de que, gracias a personas como Robbie y Rik, grabar *Harry Potter y la piedra filosofal* sería muy divertido. ¿Sería exitosa? ¿Habría más películas? Eso no lo sabía. Y para ser honesto, ni siquiera lo contemplaba. En ese entonces, para mí era otra película. No sabía que me cambiaría la vida.

Más emocionante que la propia lectura de guion fue la oportunidad que tuve, al final, de armarme de valor y presentarme con Rik Mayall. Se acercaba el cumpleaños de Ash y mamá tenía una tarjeta de felicitación en su bolsa y, con timidez, le pedí que la firmara. Muy amable, accedió. Para mi absoluto placer, que duró mucho tiempo, firmó: "Feliz cumpleaños, Ash. Con cariño, Rik Mayall, ¡XXX en el trasero!". Y se fue bailando, como Peeves, a entretener a otros niños.

Mi mamá vio la tarjeta, sacudió la cabeza y frunció el ceño.

—Tom, no sé. No creo que sea apropiado.

—Relájate, ma. Es un *chiste* —le expliqué. Guardé la tarjeta como si fuera un tesoro. Y lo era. A mis hermanos no les impresionaba mi trabajo secundario en la actuación, pero un beso de Rik Mayall en el trasero valía su peso en oro.

9.

DRACO Y DARWIN

o

CÓMO SURGIÓ LA MUECA DE MALFOY

MI ABUELO ES GENIAL. SE LLAMA NIGEL ANSTEY Y ES GEOFÍSICO DE profesión. Un geofísico eminente, además, con una larga lista de premios e incluso un premio que tiene su nombre. Cuando llegó la hora de ir a grabar *La piedra filosofal*, necesitaba un chaperón que me acompañara y le tocó a mi abuelo. Mamá ya no podía volver a ausentarse del trabajo, así que mi abuela Wendy nos visitó para ayudarle con la casa y mi abuelo y yo nos fuimos de viaje.

Con su gran barba cana, mi abuelo se parece a Darwin, o si prefieren, a un sabio mago anciano, por eso cuando Chris Columbus lo vio por primera vez en las escaleras de los Leavesden Studios cuando me acompañó a que me peinaran y maquillaran, le pareció que sería un fantástico profesor de Hogwarts.

INTERIOR. LA ESCALERA, LEAVESDEN STUDIOS. DÍA.

(*Un caballero de la tercera edad, con barba,*
escolta a un niño rubio y animado al departamento
de peinado y maquillaje. Se encuentran con Chris

*Columbus, quien se detiene, parpadea dos veces y
ladea la cabeza)*

COLUMBUS
*(Con el entusiasmo de un director
estadounidense)*
Ey, ¿ha leído el libro?

ABUE
(Con la mesura de un académico británico)
Así es.

COLUMBUS
¡Sería un mago estupendo! ¿Alguna vez
consideró actuar?

ABUE
La verdad es que no.

COLUMBUS
¡Pues nos encantaría tenerlo en Hogwarts!
¿Lo consideraría?

(Una pausa)

ABUE
Lo haré.

Era inaudito que un familiar del elenco tuviera un cameo en las
películas. Mi abuelo fue la excepción. En la primera película, bús-
quenlo en el extremo derecho de la mesa de profesores la primera

102

vez que los alumnos entran al Gran Comedor, o cuando el profesor Quirrell anuncia que hay un trol en el calabozo, o sentado al lado de Lee Jordan durante el primer partido de Quidditch. También tenía un parecido extraordinario con Richard Harris, así que con frecuencia lo usaban como doble del cuerpo de Dumbledore para preparar tomas. Sin embargo, su influencia en la película fue más allá que unos cameos breves frente a las cámaras.

Mi abuela disfruta las historias de hadas, espíritus, magia, fantasmas y duendes. Heredé eso de ella. Mi abuelo, por otra parte, es archicientífico. Es lento, metódico y muy racional. Mis hermanos y yo jugábamos ajedrez con él y siempre nos daba una paliza, aunque insistía en tomarse los cinco minutos completos entre jugadas. La mitad de las veces perdimos por aburrimiento. Pero pese a su racionalismo, es apasionado de las artes. Le encanta la ópera, la música clásica y contemporánea, el teatro, la poesía y el cine. Así que creo que disfrutó ser parte de la película, así como ayudarme a prepararme para mi papel.

Solía trabarme al hablar. Hablaba atropelladamente por mero entusiasmo e incluso empecé a tartamudear un poco. Mi abuelo me enseñó a hablar con calma, a articular con claridad y precisión. Es una lección importante para cualquier joven actor, pero mi abuelo me dio mucho más que consejos genéricos. Eso fue fundamental para desarrollar una de las características más distintivas de Draco: su mueca de desprecio.

Draco no sería nada sin su mueca de desprecio, así que mi abuelo insistió en que debía practicarla. Nos sentamos frente al espejo en un pequeño *bed & breakfast* cuando estábamos en una locación, intentando perfeccionarla. Me recomendó imaginarme que estaba sonriendo por algo horrible. Si la sonrisa era muy amplia, entonces parecería contento, así que se aseguró de que fuera pequeña y falsa. Cuando lo logramos, me enseñó a ensanchar las fosas nasales, como si estuviera oliendo algo asqueroso. "Perfecto, ahora hazlo con una sola", me instruyó. Por último, me animó a canalizar en esa sonrisa desdeñosa la frustración que había sentido por ser el hermano pequeño, más joven y más débil. ¡Tenía mucho material! Todos los hermanos menores sienten que los trataron mal y si Draco podía tratar al elenco como yo sentía que mis hermanos me trataban a veces, seguro estaría haciendo algo bien.

Hice lo que me recomendó. Me senté frente al espejo y recordé todas las veces que mis hermanos me habían dicho larva y enclenque. Recordé todas las veces que acapararon el control remoto y nunca me dejaron participar. Recordé cuando Jink me estaba dando cuerda mientras jugábamos en la mesa de billar de cuarta mano que mi papá había comprado en el mercado de pulgas de Dorking. Levanté mi taco y se lo lancé como jabalina. Muy egoísta se agachó y la jabalina fue directo a los paneles de vidrio de nuestra puerta trasera y los destrozó.

Por supuesto, mis hermanos siempre serán mis mejores amigos, y mi casa no era para nada como la mansión Malfoy, al contrario, era un lugar feliz, divertido y lleno de amor. Draco es producto de una familia oscura y abusiva, yo soy producto de una familia amorosa. Pero esas sesiones con mi abuelo frente al espejo fueron una lección importante sobre el arte de la actuación. Un actor imprime parte de sí mismo en un papel, trabaja con elementos de su propia vida y los moldea hasta que los convierte en algo distinto. No soy Draco. Draco no es como yo. Pero la línea divisoria no es blanca y negra, tiene tonos de gris.

10.

EL INDESEABLE NO. 1 (SEGUNDA PARTE)

o

GREGORY GOYLE Y EL CHOCOLATE CALIENTE QUE EXPLOTÓ

HACER UNA PELÍCULA ES UNA COLABORACIÓN. LAS PELÍCULAS DE HArry Potter fueron producto de cientos de mentes con una creatividad genial, desde Jo Rowling hasta los departamentos de arte, equipos de camarógrafos y estupendos actores. Sin embargo, para mí, el responsable de la cohesión de las primeras dos películas, quien las hizo lo que son, fue el director Chris Columbus.

Sin saberlo, era fan de su trabajo. Hizo algunas de mis películas favoritas de la infancia, como *Papá por siempre* y la saga de *Mi pobre angelito* con Macaulay Culkin, cuyos fans me robé brevemente en Nueva York cuando era niño. ¿Pero qué niño piensa en el director cuando está viendo una película? Si actuar junto con Jodie Foster o John Goodman me había dejado impasible, tampoco me iba a conmover trabajar con un director cuyo nombre ni siquiera conocía. Solo que eso cambió muy rápido. Al poco tiempo, Columbus se convirtió en una especie de mentor en el set, y sin él, mis actuaciones habrían sido distintas, sin ninguna duda.

Columbus entendía de manera innata cómo trabajar con los niños y cómo sacar lo mejor de nosotros. Supongo que no puedes hacer una película como *Mi pobre angelito* sin tener un toque un poco lúdico e infantil. Entendió que si reúnes a 20 niños en un mismo lugar, va a pasar poco tiempo antes de que empiecen a hacer payasadas (mis favoritas eran las guerras de pulgares y manitas calientes). Nunca hizo ningún intento por reprimirlo. Al contrario, lo alentaba. Tenía una capacidad genial para impedir que la dimensión del proyecto lo consumiera. Y lo lograba haciendo el tonto. Uno de sus juegos era montar una pequeña canasta de básquet, una red, en el centro del estudio. Para empezar, solo era para él, para jugar a la hora del almuerzo. Dos o tres personas se le unieron y después yo pregunté si podía jugar. "Claro, hermano, ¡vente!". Poco después, unos ocho almorzábamos y después jugábamos 45 minutos. El problema es que, luego de 15 minutos, mi pelo y vestuario acababan empapados en sudor y cada gramo de mi maquillaje pálido me escurría por la cara. Peinado y maquillaje regañó a Columbus por permitir que los niños acabáramos así. "Lo siento, hermano", me dijo con sentido remordimiento, "Quiero que juegues, pero no podemos" (después de eso, de todas formas, jugué un par de veces a escondidas, pero me aseguraba de sudar lo mínimo).

Columbus no era muy partidario de decirnos qué hacer ni cómo actuar. Poseía un conocimiento crítico de qué constituía una buena toma desde el otro lado de su monitor. Parecía saber exactamente qué decirle a cada individuo para obtener lo que necesitaba de nosotros. También era más importante lo que *no* decía que lo que *decía*. A veces, su estrategia era arreglar el entorno para que las actuaciones de los niños se dieran de manera natural y orgánica. El mejor ejemplo de esto es cuando todos entramos por primera vez al Gran Comedor. Con toda la intención, no nos permitieron a los niños entrar al set hasta el día que íbamos a filmar esa escena. Mientras tanto, Columbus se aseguró de que todo fuera perfecto, magnífico. Pusieron las mesas, los actores de fondo estaban en sus puestos. Cientos de velas encendidas colgaban del techo de cañas de pescar (que después se derritieron, y las velas se desplomaron). Dumbledore, Hagrid, Snape —y mi abuelo— encabezaban la mesa de gala. Por supuesto, no había cielo estrellado, sino un andamio gigante en el techo, pero era imposible entrar en ese espacio por primera vez sin quedar deslumbrado. La reacción de los niños de primer año de Hogwarts que ven en pantalla fue genuina. Estaban estupefactos, tal como parecen, tal como Columbus planeó con ingenio. No nos tuvo que decir nada. Solo creó las circunstancias perfectas para obtener la respuesta que esperaba. (Desde luego, por fuera, todavía mostré mi actitud de aburrido del mundo, de "meh, nada me impresiona", así que a pesar de estar igual de impresionado que los demás, mi expresión no revelaba la misma fascinación. Sin duda, todo esto era parte del plan de Columbus: mi actitud encajaba perfecto con el papel).

El entusiasmo de Columbus era incansable. Su refrán constante era: "¡Genial, hermano, estuvo genial!". Incluso lo empezamos a imitar hacia el final de la segunda película con nuestras propias interpretaciones de "¡Genial, hermano!", pero estoy completamente convencido de que a él no le habría importado. De hecho, lo hubiera fomentado. Hubiera querido que fuéramos insolentes, que nos divirtiéramos, porque sabía que eso se traduciría directo a la pantalla.

Uno a uno, su técnica directoral era igual de ingeniosa. Como era un tipo increíble, el elenco joven siempre quería impresionarlo, y yo no era la excepción. Tenía la costumbre de exagerar lo mucho que le gustaba odiar a Draco. Cada que yo sonreía con suficiencia o emanaba superioridad, gritaba: "¡Corte!", torcía la cara y con una sonrisa, decía: "¡Ah, *desgraciado*!". En vez de decirme lo que quería, respondía positivo a las partes de mi actuación que le gustaban. Y al hacerlo, me sacaba la actuación, sin estrés ni exigencias. Para mí, es la señal de un gran director.

Sin embargo, no todo puede ser bromas y risas. La actitud despreocupada de Columbus era precisión diseñada para sacarles lo mejor a los niños actores, pero tampoco podía ser *tan* despreocupado. Con tantos niños en el set podía sembrar caos. ¿Entonces cómo controlas a un grupo de *hooligans* llenos de entusiasmo cuando al jefe le preocupa más que se diviertan? Alguien necesitaba ser, si no el policía malo como contrapeso del policía bueno de Columbus, por lo menos sí el policía *estricto*. Con ustedes, Chris Carreras: el segundo Chris clave en el set de Harry Potter.

Carreras era el primer asistente de dirección. La mano derecha de Columbus. Esto quiere decir que dirigía el set. Su responsabilidad era asegurarse de que todo se hiciera a tiempo y sin contratiempos, que todos supieran qué tenían que hacer y cuándo. No era poca cosa cuando tienes que mantener a raya a un mar de niños emocionados. Carreras era el indicado para la labor. Es uno de los primeros asistentes de dirección más respetados y consolidados de la industria, y con toda razón, dirigía el set como sargento instructor. A dondequiera que iba llevaba un silbato negro colgando del cuello y el primer día nos dio un discurso a todos. Como Dumbledore cuando anuncia a toda la escuela que el pasillo del tercer piso es una zona prohibida, a menos que quieran morir de manera dolorosa, Carreras levantó su silbato y puso las reglas bien claras: "Si soplo este silbato y no se callan, los *voy* a mandar a sus casas".

Carreras era buena onda, pero todos le teníamos un poquito de miedo. Supongo que no nos *hubiera* mandado a nuestras casas, pero tenía la seriedad e inspiraba el suficiente respeto para que creyéramos que lo *haría*. Así que cada que soplaba ese maldito silbato, todos los niños en la cercanía dejaban de hacer lo que estuvieran haciendo, se callaban la boca y escuchaban.

Tal vez con la excepción ocasional.

Josh Herdman —quien interpretó a Goyle— y yo nos metíamos en bastantes problemas. Recuerdo perfectamente el primer día que filmamos en la estación de King's Cross. Fue uno de los pocos días que mi papá fue mi chaperón y tengo el agrado de informar que no fui el único Felton que hizo de las suyas ese día. Llegó al set y, como era de esperarse, quedó atónito con toda la utilería, cámaras, multitudes de actores de fondo y desde luego, el letrero de "Plataforma 9 ¾", que acababan de erigir por primera vez y debían mantener en secreto del mundo exterior. Con todo entusiasmo, papá sacó su cámara para tomarle una foto. Por supuesto, esto estaba estrictamente prohibido y se oponía a la etiqueta elemental del set. Un asistente de dirección lo vio desde atrás y gritó que alguien estaba tomando fotos. De pronto una multitud de personas frenéticas se pusieron a buscar al vil *paparazzo*. Papá se apresuró a guardar su cámara, señaló en dirección contraria y gritó: "¡Se fue por allá!". Así evitó con soltura una regañiza considerable.

Yo fui menos afortunado. Ese día estaba helando, así que nos dieron a los niños chocolate caliente de Costa Coffee. Me empiné el mío y puse el vaso vacío en el piso. Josh lo aplanó con el talón. Y lo hizo parecer súper cool. Por el contrario, Josh se tomó el suyo despacio y apenas le había tomado cuando sonó el silbato de Carreras. Puso el vaso en el piso y prestó atención. Yo no fui igual de obediente. Para que no me ganara, y asumiendo que el vaso de Josh también estaba vacío, brinqué lo más alto que pude y aterricé en él con los dos pies. Es asombroso el desastre que puede hacer la explosión de un chocolate caliente en todas las túnicas de Hogwarts en un perímetro de 3.5 metros. Lo último que quiere un director con el tiempo encima es a un grupo de adolescentes sucios y empapados cuyos vestuarios requieren una limpieza de emergencia. A Carreras se le cayó la cara. Avanzó hacia nosotros con resolución y nos dirigió una mirada que hubiera dejado al propio Snape temblando en sus botas. Una mirada que decía: "¡Hijo de tu madre!". En ese momento, Carreras me dio miedo y de verdad creí que mi carrera como Draco había terminado antes de empezar. Por suerte, cuando me regañó detecté que se asomaba una sonrisita. Me había salido con la mía, aunque nunca más se permitió chocolate caliente en el set. Y me gustaría decir que ser el objeto de la ira de Chris Carreras nos mantuvo a raya a partir de ese momento, pero me temo que no sería la verdad...

• • •

Desde el primer momento en el que me ofrecieron un papel en las películas de Harry Potter, las reglas eran claras: no tenía permitido hacer *nada* que fuera peligroso. ¿Esquiar? Ni se te ocurra. ¿Deportes extremos? ¿Es broma? Era como el comercial de Barclaycard. Las restricciones tenían sentido. Nadie quiere gastar millones de dólares para filmar media película y tener que volver a grabar casi todo porque uno de tus actores se rompió tres huesos y estará hospitalizado los próximos seis meses.

Incluso las lesiones menores pueden causar problemas, y así fue. Cuando estábamos filmando la segunda película, mi amigo Richie, en cuya casa había estado cuando mi mamá me llamó para darme la noticia de que me había quedado con el papel de Draco, se quedó a dormir en mi casa. Nos dormimos en la sala, yo en el sillón y Richie en el piso. En ese entonces, la familia Felton era la orgullosa propietaria de un teléfono inalámbrico que recién había adquirido, y Richie y yo nos pasamos toda la noche haciendo llamadas de broma. Las luces estaban apagadas para que mamá no supiera que seguíamos despiertos.

—Avienta el teléfono —susurré emocionado.

Y Richie lo hizo, lo aventó, fuerte. Uno pensaría que, como parte del equipo de Quidditch de Slytherin, sería bueno con las manos, pero cuando estiré los brazos para recibirlo, me defraudaron mis habilidades como buscador. El teléfono me dio un buen golpe en la frente. *Mierda*. Buscamos el apagador a tientas y prendimos la luz. Richie se me quedó viendo.

—¿Qué? *¿Qué?* ¿Ves algo? —pregunté.

—Ay, no… —Richie susurró.

Se me había hecho un chichón del tamaño de una *snitch* dorada. En circunstancias normales no se veía bien. Pero en especial no se veía bien cuando tenías que grabar una escena importante temprano por la mañana en el Gran Comedor.

Lo primero que hizo mamá fue llamar al set.

—Hummm, Tom tuvo un pequeño accidente…

—Ya veo —respondió un miembro de la producción con paciencia—. ¿Qué tan mal está?

—Hummm, no se nota tanto —mintió—, un chichoncito en la frente…

Esa mañana entré a peinado y maquillaje y me recibió un silencio de pasmo. Parecía salido de una caricatura de *Tom y Jerry*. Una maquillista me sentó en una silla e hizo todo lo posible por tapar mi herida ridícula, pero ese día tuvieron que grabar todas las tomas en el Gran Comedor desde mi mejor ángulo, gracias a la mala puntería de Richie y a mi ineptitud para atrapar.

Así que impusieron las reglas a rajatabla: no hacer nada peligroso.

Pero las reglas están para romperse, ¿no?

Sin duda, ese era mi enfoque en esa primera etapa de Potter. Una de nuestras primeras locaciones fue en el castillo de Alnwick en Northumberland, en donde filmamos la escena de la clase de palo de escoba con Zoë Wanamaker, que interpreta a Madame

Hooch. Esa escena tomó por lo menos tres o cuatro días, tiempo suficiente para que me metiera en muchos problemas con Alfie Enoch, quien interpreta a Dean Thomas. Alfie era un año mayor que yo, un tipo inteligente y divertido. Lo acompañaba una chaperona profesional, no sus padres ni familiares, y como yo, tenía una afición por patinar. Lo cual, desde luego, estaba estrictamente prohibido. Un joven actor temerario se podía lastimar mucho en una patineta. Sin embargo, había logrado llevar una de contrabando en mi maleta. Enseguida identifiqué una de esas colinas asfaltadas que a veces se encuentran en medio de la nada, y convencí a Alfie de que sería buena idea que nos escabulléramos para probarla.

No lo fue. Como idea, presagiaba un desastre absoluto. Pero no nos importó. Subimos corriendo la colina y la pusimos a prueba. Creo que la idea no era pararnos en la patineta, sino subirnos como si fuera un trineo. No ayudó para nada cuando la chaperona de Alfie nos encontró descendiendo a toda velocidad por esa colina sin considerar nuestra propia seguridad ni las dificultades que ocasionaríamos en la película si nos lastimábamos. Enloqueció, terminamos deshonrados y a mí se me etiquetó de mala influencia.

Quería pensar que eran necedades. La verdad es que no lo eran. Casi inmediatamente después de empezar el rodaje, la vida empezó a imitar el arte, y me encontré en un grupito con Jamie y Josh, Crabbe y Goyle. Josh y yo ya teníamos reputación de problemáticos con el equipo gracias a que hicimos estallar el chocolate caliente en King's Cross, pero al poco tiempo pasamos a otro tipo de explosiones.

Estábamos filmando en Newcastle y los alrededores y nos quedábamos en el mismo hotel, lo cual estaba cool porque cuando terminábamos podíamos vernos. Nos emocionamos mucho cuando Josh reveló que había conseguido llevar una réplica de una pistola de cartuchos de salva. Se trataba de algo que mi mamá jamás en la vida me dejaría ni siquiera mirar, y con razón. Era idéntica a una pistola normal, aunque disparaba balas de salva. A pesar de que no tenía balas, de todas formas no era algo que alguien quisiera que cayera en manos de un trío de adolescentes traviesos. Por supuesto que eso era en gran parte lo que lo hacía emocionante.

Nos urgía dispararla, pero no se nos ocurría en dónde. Obvio el hotel estaba descartado, incluso nosotros sabíamos que sería una idiotez acercarla al set. Al final, esperamos hasta la medianoche para ir a escondidas al sótano de un estacionamiento de varios pisos. Ese piso estaba vacío, y supongo que nuestra lógica ingenua era que sería seguro disparar ahí sin asustar a nadie y, lo más importante, sin que nos descubrieran.

No tuvimos en cuenta la acústica.

Si alguna vez han estado en uno de esos estacionamientos, saben que tienen eco. Así que imagínense el ruido que hace una pistola, sin importar si es de salva. Josh levantó el arma, nos preparamos. Apretó el gatillo. El ruido fue ensordecedor. Resonó e hizo eco en todo el estacionamiento. Si hubiéramos querido ser sutiles, prácticamente habíamos escogido el peor lugar en Newcastle para hacerlo. Nos miramos horrorizados cuando nos dimos cuenta de que la réplica del disparo no desaparecía. Reverberó y perduró como un aullido en el Gran Comedor.

Así que corrimos.

Creo que nunca he corrido tan rápido. Salí del estacionamiento sudando y sin aliento, presa del pánico, regresamos al hotel y nos encerramos en nuestros cuartos. Estaba aterrado de que alguien nos hubiera visto, que nos reportaran y llevaran a la policía, o peor, con David Heyman, el productor. ¿Qué pasaría entonces? Era obvio que nos iban a mandar a nuestras casas. Era obvio que sería el fin. Era obvio que incluso a Chris Columbus no le causarían gracia nuestras hazañas estúpidas.

Esperé que tocaran a la puerta o peor, el bocinazo del silbato de Chris Carreras, sentía el pavor en las venas. Ninguno llegó. En sentido casi literal habíamos esquivado una bala. Y aunque nunca volvimos a hacer algo tan estúpido como disparar una pistola de salva en un estacionamiento público, se forma un vínculo entre aquellas personas que no andan en nada bueno y se salen con la suya. Draco, Crabbe y Goyle era un trío conflictivo en la pantalla y en la vida real. Algunos podrían argumentar que el trío de Slytherin era incluso peor en la vida real, por lo menos en esa primera etapa. Y no podría contradecirlos.

11.

UN DÍA
EN EL SET

o

EL SÁNDWICH
DE SALCHICHA DE
SEVERUS SNAPE

Quizá uno se imagine que un día de grabación en el estudio de Harry Potter es un día de glamour, magia o trato de estrella de Hollywood.

Permítanme reventar esa burbuja.

No me malinterpreten: sin lugar a dudas, ser actor en un set de filmación es mejor que estar en la escuela. Pero he descubierto que la realidad es distinta de lo que imagina la mayoría.

Un día normal en el estudio empezaba con alguien tocando la puerta a las seis de la mañana. Jimmy (de cariño le decíamos Crack Bean), mi chofer durante nueve años, pasaba por mí, lúcido y animado, listo para llevarme al trabajo. Como cualquier adolescente, a esa hora del día era lo opuesto a lúcido y animado. Me paraba de la cama a regañadientes y caminaba como zombi, agarraba una almohada y me metía al coche, un BMW 7 Series verde oscuro con amplia distancia entre ejes que sin duda alguna no necesitaba. Me acomodaba en el asiento del copiloto y de inmediato me transformaba en carroléptico, me dormía la hora y media de trayecto entre la casa y el estudio, en donde Jimmy me dejaba en la icónica Puerta 5.

La Puerta 5 conducía a los vestidores, las oficinas de producción y el departamento de arte. Era la sección más destartalada y decadente que había visto. Escaleras viejas e inestables, el piso era de linóleo de cuadros y estaba pegajoso. Con mucha frecuencia, llovía a cántaros afuera o los cielos de un gris Tupperware te recordaban que, sin lugar a dudas, estabas en Inglaterra, no en Hollywood. Todavía con los ojos adormilados, iba a buscar qué desayunar en la cafetería: *hash browns* y frijoles, la tradicional comida británica indigesta para satisfacer a un adolescente hambriento. Después subía por esas escaleras inestables a la oficina de producción para recoger mis "fragmentos". Se trataba de mini guiones que contenían las secuencias del día y los diálogos que debía aprenderme. Desesperaba a los segundos asistentes de dirección, cuyo trabajo era producir y distribuir los fragmentos, porque me la vivía perdiéndolos.

Siguiente parada: mi camerino. Mi ruta me llevaba por el departamento de arte. Era un lugar increíble, en serio, en donde artistas de un talento supremo se sentaban alrededor de una larga mesa estilo Gringotts, diseñando utilería para el mundo de los magos a partir de barro, o construyendo modelos a escala de varios sets con una precisión exquisita. Al final del departamento de arte estaba la oficina de David Heyman. Cuando te llamaban para ir ahí era como si te hubieran llamado a la oficina del director, en general, era para hablar de algo importante. Daniel, Emma y Rupert tenían sus camerinos juntos al final de un pasillo, les quedaba cerca una mesa de ping-pong (nota al margen: la joven Emma Watson era una jugadora muy adepta). Mi camerino estaba en otro pasillo. En una placa en la puerta se leía "Draco Malfoy". Se acostumbraba que las placas tuvieran el nombre del personaje, no del actor. (Para la sexta película, Alan Rickman cambió la placa de su camerino por "El príncipe mestizo"). Si alguien creía que mi camerino era un capullo de comodidad y privilegio absoluto, al poner un pie dentro se hubiera desilusionado. Era un cuarto pequeño, pintado de blanco con un perchero metálico para ropa y una silla de plástico. Mi túnica de Hogwarts —o el vestuario que se requería para el día— colgaba de ese perchero. Me lo ponía y me iba a peinado y maquillaje.

Peinado y maquillaje en las películas de Potter era una operación masiva. Los artistas tenían que trabajar con 20 o 30 actores al día, yo acostumbraba a pasar una hora en la silla todas las mañanas, más si me tenían que retocar las raíces, que sucedía cada nueve días. De vez en cuando, pasaba por todo esto y no me utilizaban en el rodaje. (Alguna vez, Timothy Spall me dijo que él actúa gratis, que solo le pagan por esperar). Teníamos que estar presentes y listos en el caso improbable de que nos necesitaran para una escena, y la mayoría de las veces no era así. Esto podía ser un poco frustrante, aunque era peor para alguien como Warwick Davis, quien interpretó al profesor Flitwick/Griphook. Tardaban entre tres y cuatro horas para ponerle el pelo y maquillarlo y otro par de horas para quitárselos. Era mucho tiempo en la silla para que al final no te llamaran al set.

Así terminaba con el vestuario completo de Draco, las túnicas vaporosas y mi pelo decolorado impecable. Lo cual quiere decir que era hora de ir a la escuela. Y la escuela en cuestión, qué lástima, no era Hogwarts, sino otro salón blanco y anodino en otro pasillo, en donde nos esperaban varios tutores. Era un requisito legal, todos los niños en edad escolar debían recibir por lo menos tres horas de tutorías al día. Ese requisito se cumplía hasta el milisegundo: medían el tiempo que pasábamos en las tutorías con cronómetros. En cuanto tomábamos nuestras plumas, empezaba a correr el tiempo. En cuanto las dejábamos para ir al set, los detenían. Incluso un lapso de cinco minutos se contabilizaba en nuestras tres horas asignadas, y la naturaleza cronometrada del proceso difícilmente propiciaba el aprendizaje efectivo.

No es que me interesara mucho el aprendizaje efectivo. Detestaba las tutorías. No tenía nada que ver con los tutores, mi mamá había recomendado a Janet, quien había sido mi tutora en *Anna y el rey*, y era directora de un equipo de tutores que hacían su mejor esfuerzo con nosotros. Mi salón era de tres, máximo, en general con Jamie o Josh porque casi siempre filmábamos las mismas escenas, pero mi atención estaba en otra parte. En cuanto nos llamaban porque nos necesitaban para bloqueo de cámara, salía corriendo.

Había ocho escenarios en Leavesden, designados de la A a la H. Cada escenario era, en esencia, una inmensa bodega en donde construían sets con un detalle impresionante. En una de las bodegas llevaron toneladas incalculables de tierra para plantar árboles de verdad para crear el Bosque Prohibido. Otra tenía un tanque de agua, que era el más grande del mundo en ese entonces. Como ya mencioné, el Gran Comedor era una obra de arte, se ubicaba en el último escenario, el más alejado de la Puerta 5. Era una caminata larga o, si tenías suerte, un trayecto divertido en un carrito de golf. (En numerosas ocasiones intenté llegar patinando e incluso manejando, una o dos veces. En cada ocasión, me regañaron con vehemencia). En el trayecto pasábamos frente a una infinidad de técnicos y otros miembros del equipo que trabajaban con mucho esfuerzo en lo que se necesitaba para el rodaje del día. Con el transcurso de las películas, este camino se empezó a llenar de piezas de decorados de películas previas. Pasabas enormes piezas del ajedrez de magos de *La piedra filosofal* o el Ford Anglia azul cielo o —lo más impresionante— las inmensas estatuas con cabeza de serpiente que cuidaban la entrada de la Cámara de los Secretos. La hechura de las estatuas era exquisita y parecían realistas y pesadas. Solo de cerca te dabas cuenta de que estaban hechas de ligero poliestireno y no pesaban nada. Otros escenarios estaban atiborrados de piso a techo con utilería y chucherías que hubieran sido todo un sueño para cualquier fan de Harry Potter.

El set más impresionante, que diseñaron en las últimas películas, fue la Sala de los Menesteres. Estaba repleta de parafernalia mágica azarosa. Había baúles y cofres, instrumentos musicales, globos terráqueos, viales y extraños animales disecados. Había sillas y pilas de libros que llegaban al cielo, inclinados y equilibrados de forma tal que parecía que se iban a caer en cualquier momento (de hecho, se mantenían en su lugar con varillas de acero que los atravesaba por el centro). La sala estaba llena de toda clase de curiosidades que se encuentran en una tienda de antigüedades, pero por miles. Podrías haber pasado un año deambulando en ese set sin procesarlo todo. Estaba muy cool.

El bloqueo de cámara es el proceso de repasar una escena para que cuando llegue la hora de filmarla, todos sepan qué deben hacer, cuándo y, lo más importante, en dónde deben pararse. El proceso es importante para el director y los actores porque les da la oportunidad de ensayar sus libretos, movimientos y expresiones faciales de maneras distintas. Para mí, la dirección solía ser pararme en la esquina y poner cara abatida, o ir a mi lugar de siempre en el Gran Comedor y ser yo mismo. Los actores adultos tenían más margen. Fue instructivo ver a intérpretes de su calibre evolucionar en sus escenas en el curso del proceso. Si bien el texto era el evangelio, la interpretación era fluida y las escenas iban cobrando vida poco a poco.

El bloqueo era igual de importante para el equipo de camarógrafos porque una escena puede tener muchas partes móviles y tienen que determinar los distintos ángulos que necesitan capturar. Tuvimos el lujo de contar con un enorme equipo de camarógrafos y mucho tiempo, así que se trataba de una labor compleja. Imaginen filmar una escena en el Gran Comedor. Puede haber una toma a las puertas que se abren, al techo, a Harry, Ron y Hermione en la mesa de Gryffindor, de Hagrid y Dumbledore en la mesa alta. Puede haber una discusión entre Harry y Draco, y los genios detrás de las cámaras necesitarán resolver cómo filmar sobre el hombro de Harry para capturar la respuesta de Draco. Van a colocar pelotitas de semillas en el piso para que todos recuerden sus lugares. Con frecuencia, la línea de visión es muy distinta de la que se siente natural, así que colocan cinta en torno al lente de la cámara para que sepas a dónde mirar.

Cuando terminábamos los bloqueos, seguíamos sin estar ni cerca de empezar a rodar. A veces tardaban entre dos y tres horas en iluminar el set, y no solo había una cantidad prescrita de tiempo de clases que los niños teníamos que tomar, también había un límite de cuánto podíamos pasar en el estudio de grabación, en términos legales. Y sí, alguien también llevaba la cuenta con cronómetro. Así que regresábamos a las tutorías mientras dobles nos sustituían en el set. Estos dobles no eran exactamente parecidos a nosotros, pero los elegían porque tenían más o menos la misma altura y el mismo color de piel que los actores. Replicaban nuestros movimientos mientras iluminaban el set, y nosotros regresábamos de mala gana a la labor mucho menos emocionante del álgebra o algo similar con Janet y su equipo de tutores. Con el pulsar del cronómetro, volvíamos a la escuela hasta que estaban listos en el set para grabar una toma.

A la hora del lunch nos reuníamos en la cafetería, que siempre era un momento divertido. No había separación de papeles. Un electricista se formaba para escoger su almuerzo junto a una bruja y un duende, después seguían un camarógrafo, un carpintero y luego Hagrid. A medida que las películas iban avanzando, los calendarios de filmación se fueron haciendo más ajetreados, sobre todo para Daniel, Emma y Rupert, y para ahorrar tiempo, nos empezaron a llevar la comida. Sin embargo, nunca hubo un día en que Alan Rickman no se dejara ver en su vestuario completo de Snape, con su túnica vaporosa, formado en la cafetería con su bandeja para almorzar como todos. Desde el primer día Alan me intimidó. Me costó tres o cuatro años mejorar mi saludo con voz un poco aterrada y chillona "¡Hola, Alan!" cada que me lo encontraba. Pero verlo esperar paciente por su sándwich de salchicha, en modo Snape total, redujo un poquito la intensidad.

Los visitantes en el set eran un elemento frecuente en un día de rodaje. En general eran niños y, en buena medida, las visitas eran en beneficio de alguna organización para niños. Alan Rickman pidió, por mucho, el mayor número de visitas de las beneficencias que él apoyaba. Me daba la impresión de que recibía a un grupo casi diario. Y si alguien entendía lo que un niño quería de un paseo al set de Harry Potter, era él. A ninguno de nuestros visitantes le interesaba conocer a Daniel, Rupert, Emma o, para el caso, a mí. Querían conocer a los personajes. Querían ponerse los lentes de Harry, chocarlas con Ron o un abrazo de Hermione. Y como Daniel, Rupert y Emma eran muy parecidos en la vida real a su idea de los personajes, nunca los decepcionaban. Era distinto para los de Slytherin. Pude haber obtenido el papel de Draco en parte por nuestras similitudes, pero me gustaba pensar que no era tan Draconiano como para desagradarle a un grupo de niños nerviosos y emocionados. Así que los saludaba con una sonrisa, lo más amistoso y hospitalario posible. "¡Hola, chicos! ¿Se están divirtiendo? ¿Qué set les gusta más?". Y caramba, no me salía. Sin excepción alguna, me respondían con miradas espantadas y confusas. Draco siendo buena onda era el mismo anatema que si Ron fuera un imbécil. No sabían muy bien cómo procesarlo. Alan lo entendía implícitamente. Entendía que, si bien podían conocer a Alan Rickman, preferirían, por mucho, conocer a Severus Snape. Cuando le presentaban a estos pequeños visitantes, les daba la experiencia Snape completa. Recibían un jaloncito en la oreja y una instrucción tersa, pausada para que se fajaran… la camisa… ¡ya! Los niños se quedaban con los ojos bien abiertos y alegremente aterrados. Verlo era encantador.

Con el paso de los años, aprendí que para algunas personas es difícil distinguir entre los hechos y la ficción, entre la fantasía y la realidad. A veces podía ser cansado, pero desearía haber tenido la seguridad de Alan para mantenerme en mi personaje durante algunas de esas convivencias en los Leavesden Studios. Sin duda, al hacerlo, les animó el día a muchos.

12.

FANS

o

CÓMO (NO) SER UN COMPLETO IMBÉCIL

EL CINE ODEON, LEICESTER SQUARE.

Ya había asistido a un estreno aquí, desde luego, cuando Ash y Jink se cubrieron de gloria. O sea, vomitaron. Así que el primer estreno de Harry Potter no fue territorio completamente inexplorado. Mi familia y yo llegamos en un par de taxis negros. Salí de traje y corbata, con la camisa desfajada, desabotonada del cuello (para angustia de mi abuelo), y pese a la emoción de la multitud, me permití disfrutar de los fans, las cámaras y el caos generalizado. Sin embargo, después de la película, conforme íbamos saliendo, se me acercó un niño pequeño. Supongo que era hijo de uno de los peces gordos del estudio. No creo que haya tenido más de cinco años y me confrontó con mirada fúrica.

EXTERIOR. ODEON LEICESTER SQUARE. NOCHE

NIÑO

¡Oye! ¿Eres Draco?

TOM

Hummm, sí.

NIÑO

(*Enojado*)

¡Eres un imbécil!

TOM

(*Perplejo*)

¿Eh?

NIÑO

Dije que eres un *imbécil*.

TOM

Espera, ¿qué?

NIÑO

¡Lárgate!

(*El niño le da la espalda a Tom en un gesto de indignación justificada y desaparece entre la multitud. Tom se rasca la cabeza y se pregunta qué diablos pasó*).

No entendía, ¿por qué me estaba tratando mal? ¿Qué había hecho mal? ¿Estaba criticando mi actuación? Cuando volteé a ver a mi abuelo y estaba sonriendo, me di cuenta de que era algo bueno. Me explicó que los niños *debían* odiarme. Si un niño de cinco años tenía esa reacción visceral ante mi actuación, entonces quería decir que algo había hecho bien. Por fin lo entendí y me di cuenta de que cuanto más imbécil fuera, los niños me odiarían más y sería más divertido.

Lo que no entendía del todo en ese entonces era que para algunos fans era difícil distinguir entre Tom el actor y Draco el personaje. Comprensible con un niño de cinco años, pero quizás un poco más difícil de procesar cuando se trataba de una persona mayor. En uno de los primeros estrenos en Estados Unidos, una mujer se me acercó con mirada helada.

EXTERIOR. TIMES SQUARE, NUEVA YORK. NOCHE

                    MUJER HELADA
         ¿Por qué eres *tan* imbécil con Harry?

                        TOM
          (*Un poco desprevenido*)
        Disculpe, ¿cómo?

                    MUJER HELADA
        ¿No puedes dejar de ser un *cabrón* con él?

      (*Tom mira a todos lados, se pregunta si puede*
     salir corriendo. Pero no puede. Está atrapado)

                        TOM
        Es broma, ¿no?

      (*No es la respuesta correcta. La mirada helada de*
     la mujer se vuelve gélida. Entrecierra los ojos,
     aprieta los labios)

MUJER HELADA

¡*No* es broma! No tienes que ser tan cruel con un pobre niño que no tiene papás.

(*Tom abre la boca y la cierra. Cuando la vuelve a abrir, escoge sus palabras con cuidado*)

TOM

Claro. Buen punto. Hummm, voy a tratar de ser más amable de ahora en adelante.

(*Es la respuesta que la mujer quiere escuchar. Con el ceño fruncido, asiente satisfecha, se da la vuelta y se va con torpeza*)

En cierto sentido, la tendencia que tienen algunas personas de mezclar al personaje con el actor es un cumplido. Para nada es mi intención exagerar mi contribución al mundo de Harry Potter y el efecto que el fenómeno ha tenido en las vidas de las personas. Si ese día no hubiera llegado a la audición, alguien más se hubiera quedado con el papel, lo hubiera hecho bien y todo el proyecto hubiera sido en gran parte, el mismo. Pero encuentro cierta satisfacción al saber que mi actuación materializó la noción de la gente sobre el personaje, incluso si esto suponía que a veces confundían la fantasía con la realidad.

Aprendí que a veces era importante no arruinar la magia. En el curso de los años me invitaron a varias Comic Con, en donde se reúnen los fans a celebrar su entusiasmo por toda clase de películas, libros y expresiones de la cultura popular. En mi primera, tenía dieciséis, estaba sentado frente a un público de varios miles de personas, respondiendo preguntas sobre Potter. Había una fila en medio del auditorio de personas que esperaban llegar al micrófono para hacerme una pregunta. Le tocó a una niña pequeña vestida de pies a cabeza como Hermione y cuya mamá sostenía el micrófono porque ella no alcanzaba. Con los ojos bien abiertos, preguntó:

—¿Cómo se siente volar en una escoba?

Sin dudarlo, le conté la verdad.

—Es súper incómodo, básicamente te amarran a un asiento para bici en un poste de metal. Seguro, como resultado, nunca voy a poder tener hijos.

Mi respuesta causó una que otra risa, pero me di cuenta de que la magia se apagó de la mirada de la niña y enseguida supe que me había equivocado. Al día siguiente, otra pequeña Hermione me preguntó lo mismo:

—¿Cómo se siente volar en una escoba?

Había aprendido la lección. Me incliné, con complicidad le guiñé el ojo y le dije:

—¿Ya cumpliste once?

—No.

—¿Entonces no te ha llegado tu carta?

—No.

—Espera —contesté—. Espera.

A la niña le brilló la cara de alegría y se sintió mucha emoción entre el público. Ahora, cada que alguien me hace esa pregunta (y créanme, lo siguen haciendo), esa es la respuesta que doy.

Cuando se estrenó la primera película, empecé a recibir cartas de los fans en el estudio. En estos días los fans interactúan en redes sociales, pero en aquel entonces existían las cartas físicas. Casi de inmediato empecé a recibir costales. Mi correo de los fans no se comparaba ni de cerca con el de Daniel, Emma y Rupert, desde luego. Creo que ellos tenían a un equipo en Warner

Brothers que se dedicaba solo a procesar su correo. De todas formas, eran muchas cartas. Mi mamá las revisaba primero, para asegurarse de que no hubiera nada ofensivo ni obsceno, y después yo me dedicaba a leerlas. No se confundan: como el menor de cuatro hermanos, no había forma alguna de que recibir cartas de fans se me subiera a la cabeza. (Chris: "¿Quién chingados le escribiría?"). Nadie en casa me dio señales de que les pareciera increíble o raro recibir costales de cartas. Y lo agradezco, porque leer cientos de cartas elogiosas podría convertir a cierto tipo de persona en cierto tipo de entorno en cierto tipo de idiota. Sí dediqué mucho tiempo a leerlas, por lo menos al principio. Me daba la impresión de que si la gente se había tomado el tiempo de escribirme, no sería cool ignorarlos. Respondí todas las que pude, pero con el tiempo fue demasiado. La cantidad de cartas era alucinante. Mi mamá contempló la posibilidad de contratar a alguien para gestionarlo, pero no nos salían las cuentas. Así que, a medida que el perfil de Draco creció, disminuyó mi capacidad para responder las cartas.

La mayoría de las que sí leí eran muy dulces. En algunas las diferencias culturales eran notorias. Por ejemplo, de vez en cuando los fans japoneses enviaban cucharas de plata como amuletos de la buena suerte. Así que, si alguna vez necesitan una cuchara, búsquenme. Llegaban dulces y chocolates de todos los países del mundo, pero mi mamá no me dejaba probarlos por si acaso estaban envenenados. Sin embargo, sí se me quedó grabada una carta en particular. Un tipo en Estados Unidos se había cambiado legalmente el nombre a Lucius Malfoy, y el de su casa a mansión Malfoy. Quería que me cambiara el nombre a Draco Malfoy y que me fuera a vivir con él. Con mucha amabilidad, mi mamá rechazó la oferta en mi nombre. (Chris: "¡No, déjalo que se vaya!"). En aquel entonces nos pareció gracioso. En casa nos hizo reír un rato. Solo en retrospectiva me doy cuenta de que pudo haber sido un *pelín* siniestro.

Ese fue uno de muchos incidentes bizarros que me esperaban. Un día, una familia española —mamá y papá, dos hijos— se presentó en mi escuela *muggle*. Entraron y me empezaron a buscar. Por supuesto, los escoltaron a la salida de inmediato y me advirtieron que tuviera cuidado cuando saliera de la escuela. Quién sabe qué tenía en mente esa familia o qué pensaba que iba a pasar, pero ese día regresé a mi casa pedaleando un poquito más rápido que de costumbre.

Tuve que normalizar esta manera peculiar de crecer, de lo contrario hubiera enloquecido. Incluso ahora, mi carácter reservado, propio de los británicos, quiere decir que cuando alguien se me acerca y me pregunta: "¿Eres Tom Felton?", me sigue tomando un poco por sorpresa. Me descubro preguntándome qué significa. ¿Cómo sucedió? Por supuesto, siempre he tenido a mis tres hermanos para recordarme que era una larva. Además, entendía qué significaba ser fan. Yo admiraba a varias personas y también lo veía en mi entorno. Una vez participé en un sketch para Comic Relief con Rupert. Participaron muchas caras conocidas —James Corden, Keira Knightley, Rio Ferdinand, George Michael, entre otros—, pero la estrella del programa era *Sir* Paul McCartney. Mamá era una fan absoluta, así que le pregunté a *Sir* Paul si lo podía conocer. Aceptó amablemente, así que fui a buscar a mi mamá y le dije: "¡Es tu oportunidad!". La llevé para que lo saludara, pero al último momento estaba muy deslumbrada y no logró animarse. *Sir* Paul se acercó a buscarla, pero lo tuve que desilusionar con tacto: "Lo siento, amigo, vas a tener que esperar para conocerla".

Con el paso de los años y a medida que fue aumentando la popularidad de las películas, de cierta forma el mundo del *fandom* se fue haciendo más difícil. No me malinterpreten, que te reconozcan tiene un toque extrañamente emocionante cuando te das cuenta de que un encuentro casual con un desconocido es un suceso muy importante para ellos. Pero al mismo tiempo puede ser alienante, por extraño que parezca, sobre todo si estás con otras personas que no son parte de ese mundo. Se me quedó grabado un momento cuando tenía diecisiete y estaba en el aeropuerto de Heathrow, iba a viajar a Estados Unidos con mi novia de ese entonces. Mientras esperábamos el vuelo, nos metimos a una tienda para comprar algo para picar y minutos después sentí ese cosquilleo conocido que me decía que me estaban observando. Me di la vuelta y vi a un grupo de 19 (las contamos) niñas extranjeras observándome. Todas tenían las manos en la cara y no podían dejar de reírse nerviosas. Me dio mucha vergüenza, para evitar hacer contacto visual tomé una revista de tejido que tenía a la mano. Era muy evidente que me habían reconocido y mucho más evidente que no estaba estudiando patrones de crochet, pero fue la primera vez que recuerdo que fans bien intencionados me hacían sentir incómodo. No solo porque estar rodeado de una multitud que quiere tocar un pedazo de tu ropa puede ser una experiencia desconcertante. Había miles de personas en el aeropuerto. La reacción en cadena que se suscita cuando me reconoce una persona, luego dos, y después cuatro se puede descontrolar muy rápido. Por suerte para las niñas, mi mamá no iba conmigo, puede ser muy autoritaria cuando la gente me agobia. Me tomé la foto con ellas, se fueron y me quedé con una mezcla curiosa de vergüenza, alivio y satisfacción. Empezaba a aprender que la fama es una droga peculiar.

Otros fans eran, y son, persistentes, incansables. De manera extraña, se vuelven parte de tu vida. Desarrollas una especie de relación con ellos, y me parecía que valía la pena intentar entender por qué otros miembros del elenco y yo nos volvimos tan centrales para ellos. Una señora británica daba la impresión —todavía lo hace— de aparecer como por arte de magia a dondequiera que voy. La primera vez que la vi fue cuando me pidió un autógrafo durante una gira de medios en París, y desde ese día parecía estar en todas partes. Aceptaba participar en un evento media hora antes de que se realizara y, por algún motivo, ella llegaba. No tengo idea de cómo sabía que yo iba a llegar. Al principio, pensé que no era sano. Y como consecuencia mi mamá se volvía hiperprotectora si existía la mínima probabilidad de que ella llegara. Hasta que un día, estuvo parada fuera de un evento durante horas con la única intención de darme una tarjeta para lamentar la muerte de mi perro Timber. Fue un gesto amable que me hizo reevaluar la opinión que tenía de ella. Con el tiempo la visité en su casa y me enteré de que nunca había tenido hijos y que, en su mente, más o menos había adoptado a los niños Potter. Como fui el único que interactuaba con ella, se aferró a mí. Fue una situación inusual, pero un recordatorio de la importancia que estas historias y películas han tenido en la vida de las personas.

Como el actor que interpretó a Draco Malfoy me considero un referente en los recuerdos de las personas. Verme los transporta a un momento y lugar específicos, así como escuchar una canción puede evocar algo más. He conocido a fans que me han explicado que los libros y las películas los han ayudado a sobrellevar una época difícil. Es una verdad que mantiene humilde. Alguna vez, Jo Rowling dijo que sus momentos más satisfactorios son aquellos en los que se entera que su obra ha ayudado a alguien a sobrellevar un momento difícil en su vida, y coincido. Por supuesto que, de vez en cuando, la gente me ve y reacciona de manera peculiar, pero intento recordar que esas reacciones son un reflejo del lugar que estas historias y películas tienen en los corazones de la gente, y me comporto en consecuencia. Solo porque Draco se porte como un imbécil no quiere decir que yo tenga que serlo.

• • •

Pero puede ser difícil.

Tengo veinticinco años y es mi primera vez surfeando con unos amigos en Topanga Beach, California. Mis amigos expertos me están explicando cómo hacerlo: qué olas buscar, cómo subirme a la tabla, todos los aspectos técnicos. Pero no estoy poniendo atención. Estoy pensando: "Me voy a esperar hasta que sienta que se mueve la tabla, me paro y lo intento". Llega la primera ola. De tamaño razonable. Me paro en la tabla, mantengo el equilibrio y me deslizo por toda la ola. ¡Esto de surfear está fácil!

O tal vez no. Las siguientes cinco olas me revuelcan por completo. Me trago medio litro de agua de mar y descubro que la sensación de girar debajo del agua sin noción alguna de dónde es arriba y dónde es abajo puede ser confusa y espantosa. Arrastrado, salgo a gatas del mar y me tiro en la arena, vomito el agua que me tragué y les hago señas a mis amigos preocupados. Denme un minuto, ¿sí?

Y luego las veo. Dos mujeres jóvenes, de pie a unos veinte metros de distancia, con una cámara, señalándome y susurrando entre ellas. Ahora no, por favor, pienso. ¡Por favor, ahora no! Pero se acercan, un poco tímidas, y me doy cuenta de que están a punto de decir algo. Sé lo que quieren y tengo cero sentido del humor en este momento. Me paro y sacudo los brazos en el aire.

—¡Okay! —grito— ¡Vamos a hacerlo! ¿Quién quiere salir en la foto?

Las dos mujeres se miran. Comparten una mirada confusa. Pero una de ellas extiende la cámara.

—Acérquense, ya saben qué hacer —les digo.

Se miran perplejas y luego me miran. Después en un inglés vacilante con acento italiano, una de ellas dice.

—¿Con la tabla?

—¡Sí, lo que sea! Se pueden tomar una foto conmigo y mi tabla.

Sacuden la cabeza. Me pasan la cámara con timidez. Y solo entonces me doy cuenta de que no tienen ni la más remota idea de quién soy: solo quieren que les tome una foto con la tabla como recuerdo de su viaje a California.

Ese día me vi un poco arrogante, sí. También aprendí dos lecciones importantes. Una: las suposiciones son la madre de todos los desastres. Y dos: surfear es súper difícil.

13.

CÓMO VOLAR
UNA ESCOBA

o

LAS AVISPAS
Y EL DEBILUCHO

¿Qué se siente volar en una escoba? Bueno, si han leído hasta aquí saben que esa pregunta tiene muchas implicaciones. Sabrán que ese día aprendí a no arruinar la magia para los niños en Comic Con. Y si prefieren recordar los partidos de Quidditch de Harry y Draco como las batallas mágicas que aparecían en pantalla, entonces les sugiero atentamente que pasen al próximo capítulo.

Una de nuestras primeras locaciones fue en el castillo de Alnwick, en donde conseguí que Alfie Enoch y yo nos metiéramos en una situación complicada de eslálom en patineta. También fue nuestra primera toma con escobas. Zoë Wanamaker era Madame Hooch y los de primer año de Hogwarts estaban recibiendo su primera clase de vuelo.

No solo asistieron Madame Hooch y los de nuevo ingreso. Era un día caluroso y soleado y atraídas por el aroma de maquillaje y gel recién aplicados, les estábamos llamando la atención a enjambres de avispas. Más específicamente, yo les estaba llamando la atención. El peinado de Draco exigía la aplicación de un tubo de gel diario. Mis rizos rubios eran tan rígidos que bien pude haberme puesto un casco Kevlar. Y en lo que se refería a las avispas, el gel bien pudo haber sido mermelada de fresa. No me las quitaba de encima. Revelación: cuando se trata de avispas soy un cobarde. Aunque Draco pudo haber estado actuando con soberbia en esa escena, fuera de cámara estaba moviendo los brazos como un pez fuera del agua, huyendo de las avispas, gritando e intentando quitármelas con manotazos. Por supuesto, no es imposible que cuantas más personas se reían de mi ridiculez, más pude haber fingido mi supuesta angustia.

Madame Hooch al rescate. Su pelo picudo exigía cantidades similares de gel, así que Zoë Wanamaker tenía el mismo problema. Me dio una estrategia.

—Repite las palabras "árboles verdes" —me dijo.

—¿Qué cosa?

Me explicó que las avispas no me iban a lastimar y que necesitaba una estrategia para relajarme. Repetir su mantra de "árboles verdes" era una forma de hacerlo. Así que cuando vean a Draco en esa escena me pueden imaginar repitiendo en mi mente esas palabras y haciendo mi mejor esfuerzo para no gritar de terror cuando las avispas giraban alrededor de mi peinado duro como piedra.

Ya con el asunto de las avispas atendido, los alumnos se pararon en dos filas frente a frente, con las escobas en el piso. Con la instrucción de Madame Hooch, dieron el comando de "¡Arriba!", y con distintos grados de éxito, las escobas saltaban hacia sus manos. Según el enfoque, si se podía lograr un acto de magia o cualquier tipo de efecto especial de forma práctica, era la mejor manera de hacerlo. Y esto fue particularmente el caso en los inicios, cuando el equipo de efectos visuales tenía tecnología menos avanzada a su alcance. Así que lo que no ven, cuando la cámara apunta hacia abajo a dos filas de alumnos, es a los chicos recostados en el piso detrás de cada escoba con un aparato como sube y baja que elevan las escobas del piso e incluso las hacen flotar un poquito.

Hacer volar las escobas requirió un poco más de ingenio. No lo iban a lograr tipos con sube y bajas. Todas las escenas de vuelo se hicieron en el estudio. Imaginen una sala inmensa envuelta en un lienzo azul, o verde años después. El palo de escoba era un poste de metal ajustado con un asiento para bici súper incómodo. Había estribos para los pies y un arnés que impedía que te cayeras. Te amarraban al poste para que no te cayeras y tenían un aparato de sube y baja más complejo para moverte hacia arriba y hacia abajo, a la derecha y la izquierda. Te dirigían ventiladores a la cara para parecer que el viento te soplaba en el pelo. Y como iban a agregar un fondo digital, y más adelante editarían todos tus movimientos ágiles en el palo de escoba, era importante que todos los actores miraran en la dirección indicada para la toma. Para asegurar que tu línea de visión fuera la adecuada, un hombre levantaba una pelota de tenis en un poste muy alto, pegada con un poco de cinta naranja. Cuando el primer asistente de dirección gritaba: "¡Dragón!" o "¡*Bludger*!" tenías que ver la pelota de tenis como si fuera, adivinaron, un dragón o una *bludger*. A veces había más de una pelota de tenis en el aire y como se parecían mucho, con el tiempo nos dieron objetos más personalizados. Escogimos fotos de algo o alguien a quien atesorábamos. Daniel Radcliffe tenía una foto particularmente hermosa de Cameron Diaz. Yo escogí una foto de una carpa todavía más hermosa. Es que no hay competencia…

Filmar un partido de *Quidditch* u otra escena importante en las escobas era un proceso lento, concienzudo del que salías con el trasero adormecido. Los genios detrás de cámara tenían que trabajar a un nivel de precisión asombroso. Primero grababan los fondos para referencia, después a los actores en los palos de escoba para poderlos superponer. Los movimientos de cámara para las dos tomas tenían que ser los mismos, con total precisión, y siempre parecía que muchas personas trabajaban las cámaras y las computadoras para lograrlo. Qué estaban haciendo, no lo sé, yo era el chico en el poste de metal con los ventiladores prendidos hacia mi cara viendo la foto de mi carpa despampanante, lo que sí sé es que parecía tomar una eternidad para completar la cantidad de metraje más mínima. Terminábamos esos días de rodaje con el trasero adolorido.

• • •

Como niños, moríamos de ganas por hacer todas las escenas de acción posibles. Todavía tenía recuerdos felices de las escenas de acción en *The Borrowers*, e increíble, mi pequeño desacuerdo con la barra de equilibrio no había apagado mi entusiasmo para esas actividades. Nos dejaron hacer muchas más escenas de las que nos permitirían hacer ahora. En la escena en *La cámara de los secretos* en donde Harry y Draco tienen un duelo de pie en la mesa del Gran Comedor, tuvimos que crear tomas en las que Harry y Draco se lanzan hechizos, uno de los cuales me expulsa en el aire y me hace girar. Todo eso se logró de forma práctica. Llevaba puesto un arnés en todo el cuerpo con un cable que salía por la espalda y con el que me envolvieron varias vueltas. Con un buen jalón, Draco daba vueltas. Recuerdo que en aquel entonces me pareció muy cool. Había quizá cien actores de fondo y yo estaba arriba de la mesa haciendo mis heroicas escenas de acción. Olvídense de que era doloroso o que me dejó un moretón horrible en donde el cable me rozaba. Fue divertido para un actor adolescente un poquito arrogante. Grabar escenas de acción está cool, ¿no?

Sí y no.

La mayoría de las escenas de acción las grababa el equipo de dobles de acción. Les tengo un respeto absoluto a esos hombres y mujeres que se arriesgan para hacer una película únicamente para entretener al público. Casi cada vez que alguien se cae de una escoba o salta o se golpea fuerte, pueden estar seguros de que fue alguien del equipo de dobles de acción, no nosotros. A lo mejor me sentí invencible durante la escena del duelo, pero de hecho los dobles recibieron el embate de esa escena por mucho. Parecía que dedicaban mucho tiempo —sobre todo en *La cámara de los secretos*— a trabajar con un aparato llamado columpio ruso. Imagina el columpio de un parque de juegos normal, pero más grande y con barras de metal en vez de cuerdas. El doble de acción se para en la plataforma y se columpia hacia delante y hacia atrás, delante y atrás, hasta que el arco alcanza una altura máxima. Después, en el punto más alto del arco, el doble brinca en el aire y cae en un colchón de protección. Se veía divertido, pero sin duda era un trabajo para los profesionales. Y el profesional con el que trabajé de cerca fue el increíble David Holmes, o Holmesey como le decíamos.

Holmesey era doble de acción de Daniel desde el inicio, y también mío de la segunda película en adelante. Dadas las diversas aventuras de Harry y Draco, siempre estaba muy ocupado. Su rutina era hacer las escenas de acción vestido de Harry en la mañana, ir a almorzar y regresar en la tarde vestido de Draco a hacer las mías. Desde pequeño era gimnasta con nivel olímpico, y en cualquier toma en la que vean a Daniel o a mí haciendo algo peligroso, pueden estar seguros de que es Holmesey. Cuando filmamos *Las reliquias de la muerte* entendimos que el trabajo de un doble de acción es cosa seria.

Los dobles de acción hacen todo lo posible por minimizar el riesgo de su trabajo, pero no lo pueden descartar por completo

—no existe una manera cien por ciento segura de caer desde grandes alturas o de que te atropelle un coche— y es imposible legislar para tener en cuenta giros inesperados. Y fue justo lo que pasó mientras rodamos *Las reliquias de la muerte*. Holmesey y el resto del equipo estaba ensayando con una escena de acción que implicaba que saliera disparado en el aire y se estrellara contra la pared, llevaba puesto un arnés y estaba suspendido con un cable reforzado. Algo salió mal. El cable le dio un jalón y Holmesey se estrelló contra la pared mucho más fuerte de lo que debía, después cayó a un colchón protector. Enseguida se dio cuenta de que algo había salido mal. Los paramédicos lo trasladaron al hospital de emergencia en donde descubrió que había quedado parapléjico con un uso muy limitado de los brazos, y que sería permanente.

Desde luego, todos los que participaban en las películas estaban inconsolables. Imagina que un día puedes dar una vuelta hacia atrás en tu lugar y, al día siguiente, estás postrado en la cama de un hospital recibiendo la noticia de que no vas a caminar nunca más. Sí, los dobles de acción corren ese riesgo todos los días en su trabajo, pero la realidad es que, cuando sucede, debe ser sobrecogedor. Un hombre inferior a Holmesey pudo haber dejado que lo perturbara y por supuesto que hoy vive una vida muy difícil. Pero es la persona más valiente y tenaz que he tenido el placer de conocer. Su valentía es excepcional y sigue siendo uno de mis amigos más cercanos y queridos. Cuando estaba hospitalizado, el estudio le llevaba comida, para envidia de los otros pacientes en su ala. Así que Holmesey insistió en que el estudio cocinara para todos en el ala, o todos comían o nadie. Así es Holmesey para todo. Pese a sus desafíos, nos sigue dando mucha alegría su voluntad para vivir una vida lo más normal y activa posible, es una inspiración absoluta. Se dedica de forma incansable a recaudar fondos para el hospital que le salvó la vida y tiene su propia compañía de producción. Para mí es un recordatorio constante de que los dobles de acción en los sets de filmación merecen mucho más crédito del que reciben. Los actores pueden recibir toda la adulación, pero con más frecuencia, los dobles de acción nos hacen ver bien y Holmesey es el mejor. Es un rayo de luz.

En honor a Holmesey, todos los años celebramos un partido de cricket Slytherin vs. Gryffindor para recaudar fondos para el Hospital Real Nacional de Ortopedia en donde lo atendieron días después del incidente. Radcliffe y yo somos capitanes de equipo y los viejos rencores de Hogwarts no se han atenuado con los años. No tengo que contarles qué casa lidero, ¿o sí?

14.

LO MEJOR
DE DOS
MUNDOS

o

EL IMBÉCIL
DE LA ESCOBA

Ser Draco no era cool.

En cuanto Daniel, Emma y Rupert obtuvieron sus papeles, sus vidas cambiaron. Se salieron de la escuela y, a partir de ese momento, Potter era su vida. Vivían en una burbuja, para bien o para mal, y prácticamente perdieron la oportunidad de tener una infancia normal. No fue mi caso. Yo trabajaba una semana y tenía otra libre, ellos lo hacían de forma constante. Fuera de Potter, yo iba a una escuela normal, tenía amigos normales y hacía todo lo posible por ser un adolescente normal.

Tal vez conoces adolescentes normales. Tal vez tú mismo *eres* un adolescente normal. Si es así, sabrás que tener la etiqueta del raro no está nada bien. Entonces por mi pelo decolorado y faltas constantes, no era cool ser Draco. Para muchos en los pasillos de la escuela, yo era el odioso de Harry Potter. Era el imbécil de la escoba.

Así que, tal vez, sobrecompensaba un poquito. Me portaba mal. Mi impertinencia preadolescente se transformó en algo más destructor. Recuerden que me cambié de una escuela exclusiva, en donde el rendimiento académico era esencial, a una escuela normal en donde tu índice de cool dependía de tu capacidad para conseguir cigarros o de tu habilidad en una patineta o BMX. Empecé a fumar y ya les conté sobre mi aventura en HMV. No era el chico peor portado de la escuela, ni de cerca, pero sí tenía la necesidad de compensar mi otra vida con algo de normalidad. Siempre llegaba tarde, o me saltaba educación física o desaparecía en mi bici para comprar dulces. Muchas veces me salí con la mía. Mis horarios eran flexibles —porque faltaba para filmar—, así que los profesores asumían que faltaba porque estaba haciendo algo legítimo. Cuando iba a clase, distaba de ser el alumno modelo. No creo que fuera *terrible*, pero me la pasaba rayando mis libros, platicando con amigos o desesperando a los profesores. Llevaba un reproductor de MiniDisc en el bolsillo, me pasaba el cable de los audífonos por la manga hasta la muñeca. Así me podía sentar en el salón, apoyando la mejilla en la palma de la mano mientras escuchaba música. Me parecía una jugada genial. Mis profesores no opinaban lo mismo. Ya perdí la cuenta de cuántas veces un profesor desesperado me dijo: "Tienes que tener la última palabra, Felton". Y como, *en efecto*, siempre tenía la última palabra, contestaba: "¡Por supuesto, profesor!", con la que esperaba fuera una sonrisa de satisfacción."

El problema es que conforme vas creciendo, tu impertinencia se va volviendo menos encantadora. Ahora me doy cuenta de que, seguramente, los profesores interpretaban como arrogancia cuando desaparecía semanas para grabar y luego llegaba a la escuela como si nada, un poco altanero. No me trataban como si fuera especial, al contrario. Recuerdo que un profesor me puso en mi lugar burlándose del color de mi pelo y preguntándome quién me había roto un huevo en la cabeza después de que insistí en tener la última palabra. Incluso en mis clases de teatro, en las que tal vez se imaginen que sobresalí, era un alborotador. No tenía ningún problema con ir a un set de filmación, fingir ser un mago que vuela en su escoba con el ventilador dándole en la cara, mientras un individuo agitaba una pelota de tenis en un poste. Esto se desarrollaba en un entorno seguro, entre personas afines, no iba a afectar mi estatus social para nada. ¿Pero actuar en una clase de teatro frente a muchos otros adolescentes que se reirían si te equivocabas e incluso si lo hacías bien? Era algo completamente diferente. Me puse a la defensiva. Para afuera seguro se interpretaba como desdén adolescente normal. Estoy seguro de que mis profesores pensaban que me estaba portando tal como Draco, pero era más complejo. Reprobé teatro con cinco (aunque eso no le impidió al profesor preguntarme, en broma, si podía conseguirle un papel en las películas).

Así que no me gané el respeto de mis profesores en la escuela, quizá con una excepción. Todo niño en la escuela necesita un Dumbledore en su vida. Para mí, fue el profesor Payne, el director. Había faltado las primeras semanas al inicio de clases, así que no lo había conocido hasta que un día tocó la puerta del salón de música, en donde mi amigo Stevie y yo estábamos tocando el teclado inventando canciones. Pidió verme. Lo seguí, no estaba seguro de por qué el director me había llamado. No era nada siniestro.

—No viniste las últimas semanas. Soy el profesor Payne, voy a ser el director el resto de tu estancia en la escuela y me quería presentar.

Enseguida le di la mano y respondí:

—Tom Felton, un gusto conocerlo.

Era claro que no era la respuesta que esperaba. Era la respuesta de un niño acostumbrado a pasar mucho tiempo en compañía de adultos, alguien con un pie en un mundo distinto. La respuesta de un niño que intentaba ser encantador. Pudo haber ignorado el gesto o considerarlo completamente inapropiado, pero no lo hizo. Después de titubear, me dio la mano y sonrió.

Y siguió sonriendo, incluso cuando me encontré en su oficina por alguna falta, como era mi costumbre. Siempre era justo, nunca sarcástico. Su paciencia era infinita y le entusiasmaba
compartir su pasión por su materia, matemáticas. A diferencia de
muchos otros profesores, me trataba como un adulto joven. Tal
vez entendía que mi comportamiento no se debía a que quería
complicarle la vida a todo el mundo, sino a una necesidad incons-
ciente de infundir cierta normalidad en mi existencia. O tal vez
era un hombre amable. Lo único que sé es que en ese entonces
fue un apoyo en mi vida. Seguido pienso que me gustaría regresar
y repetir ese apretón de manos como adulto. Si está leyendo esto,
profesor Payne, gracias.

· · ·

El objetivo era la normalidad, pero no siempre era alcanzable.
    Me gustaba ir con algunos amigos a pescar en varios estan-
ques en Spring Grove, al final de mi calle. Los estanques no tenían
muchos peces, pero ese no era el punto. Era un lugar para pasar
el rato, fumar a escondidas y si teníamos suerte, pescar una carpa.
Le decía a mi mamá que me quedaba a dormir en casa de un
amigo, y él hacía lo mismo, pero pasábamos toda la noche en la
orilla del agua con nuestras cañas, cigarros y una asquerosa lata
fría de Spam como sustento. Viviendo el sueño.
    Una tarde estaba ahí con tres amigos. Sacamos las cañas y
nos acomodamos para pasar la noche, como habíamos hecho
muchas otras veces. Estábamos hablando tranquilos, riéndonos,
cuando de repente escuché voces a la distancia que se acercaban.
Minutos después, vislumbré a un grupo de unos 40 chicos. Sentí
un trozo de hielo en la panza. No conocía a estos chicos —tal vez
eran un par de años mayores que yo—, pero tenía la suficiente

calle para interpretar sus intenciones. Era una multitud de adolescentes aburridos de la zona que se entretenía vagando en las calles y causando problemas. Por instinto, supe, a medida que se iban acercando, que si captaban que se habían encontrado con el imbécil de la escoba, creerían que se habían ganado la lotería. Si eso pasaba, estaba en serios problemas. Todo en su comportamiento indicaba que querían pelear. Y 40 contra cuatro… no me gustaron las probabilidades.

Intenté pasar desapercibido y desaparecer detrás de mis amigos. Me imaginé que, en una situación como esta, no les gustaría estar con el odioso de Harry Potter y harían todo lo posible por mantenerme fuera de la línea de visión de la multitud.

No le atiné del todo. No querían que los vieran conmigo, en eso le atiné.

Pero antes de entender qué estaba pasando, mis tres amigos se largaron. No lo podía creer. Unos chicos levantaron mis cañas y las echaron al lago, para entonces los demás ya se habían dado cuenta de quién era. Un par de ellos se me acercaron furtivamente y me empezaron a empujar un poco. Los dos tenían cigarros prendidos en las manos y me pusieron las puntas encendidas en la cara, para diversión de los demás. Suena dramático —*fue* dramático—, pero era mucho peor la amenaza de violencia que exhumaba el grupo. Incluso si hubiera encontrado la fuerza para correr, me alcanzarían rápido, me jalarían el pelo decolorado y me revolcarían la cara en la tierra.

El resto del grupo se me acercó. Intenté dar un paso hacia atrás. Seguían avanzando, me resbalé y me tambaleé en el lodo, preparándome para lo que venía.

Después, a mis espaldas, escuché el rechinido de un coche que frenaba duro. Ansioso, miré por encima del hombro y vi el pequeño Peugeot de mi hermano Chris. Yo no lo había llamado.

Él no sabía en dónde estaba ni que estaba en problemas. Había llegado por casualidad y nunca en la vida había estado tan contento de ver a alguien. Salió de su coche y en el acto lo rodearon algunos de la bandita. Chris tiene mucha presencia, por su cabeza rapada y sus aretes, y su llegada tuvo un efecto inmediato en la banda. Pusilánimes, perdieron interés en molestarme, y me dejaron retroceder más en el lodo y alejarme más de ellos. Chris se acercó. Intercambiaron palabras. No escuché qué susurró. Al día de hoy no lo sé. Lo único que sé es que en un minuto la banda se había largado.

¿Quién sabe? Tal vez hubiera atraído esa bronca incluso si no hubiera sido "el maguito odioso". Pero no hay duda de que mi pelo decolorado y mi supuesta fama me convirtieron más en un blanco. Si Chris no hubiera llegado en ese preciso momento, las cosas hubieran podido terminar de otra forma muy distinta.

A partir de ese incidente y otros aprendí a ser cuidadoso. Mi vida era buena, pero a veces, era espeluznante. Cuando tenía quince alguien se robó mi bici —mi pertenencia más preciada, una Kona Deluxe— del cobertizo donde estacionábamos las bicis en la escuela. Quien se la llevó me dejó una nota: "Sabemos en dónde vives, te estamos observando y te vamos a matar". No creo que quien la haya escrito lo haya dicho en serio. Es más probable que haya sido un intento de bravuconería que no viene al caso. Pero sí es un mensaje espeluznante y durante una época estaba aterrado de encontrarme con un demente que cumpliera la amenaza.

Desarrollé una especie de sentido arácnido, un radar integrado que me advertía que me iban a reconocer y que la situación tenía el potencial de tornarse violenta. Recuerdo estar formado para entrar a un antro para menores de 18 en Guildford, mis amigos me habían convencido de ir. Fui con la cabeza hacia abajo, mirada al piso, porque sabía que solo bastaba que una persona dijera "Oye, ¿eres...?" y los dominós empezarían a caer y mi noche empeoraría. En parte creía que estaría bien, la gente formada afuera del antro no tenía la pinta de que le gustaba Harry Potter, ¿me explico? Pero, aun así, cuando la fila se volvió un poco más desordenada y los codazos un poco más frecuentes, se activó mi sentido arácnido y supe que tenía que irme. Había aprendido de otras experiencias que este ambiente no era bueno para mí. Decidí que podía saltarme una noche en el antro a cambio de una vida tranquila. Con el cuello del abrigo levantado y la cabeza hacia abajo, me fui a mi casa sin darle explicaciones a nadie.

• • •

Como ya dije, *no* estaba cool ser Draco.

Sin embargo, recapitulando mi vida *muggle*, las buenas experiencias superan las malas. Me da gusto haber pasado por lo menos parte de mi vida en esa escuela normal con personas normales y, en general, haber vivido una experiencia normal. Me da gusto haber tenido a profesores sarcásticos y a compañeros a quienes les valía mi otra vida. Incluso en parte me dan gusto las colillas en la cara. Todo fue parte de la agresividad de una infancia normal. Por lo menos, no fueron parte de una crianza recluida que perfectamente me pudieron haber impuesto. Habría sido una persona muy distinta si no hubiera tenido la oportunidad de experimentar los altibajos de una vida normal junto con la locura de ser parte de Harry Potter. Resulta que tuve lo mejor de dos mundos.

15.

PROBLEMAS DE TRANSFIGURACIÓN

o

MAGGIE Y EL MILPIÉS

FILMAR LAS PELÍCULAS DE HARRY POTTER REQUERÍA QUE UTILIZÁRAMOS animales vivos. Búhos, ratas, perros, serpientes, lo que se les ocurra. Había una zona especial en los Leavesden Studios en donde tenían a los animales. Me encantan los perros, así que recuerdo con mucho cariño a la media docena de perros, más o menos, que interpretaban a Fang, la mascota de Hagrid. Eran animales enormes, pesados, de la mitad del tamaño de un caballo, y no te podías acercar mucho: una sacudida de esa mandíbula inmensa y te cubría una capa densa de babas de perrito. En cualquier caso, los animales no estaban para que los acariciáramos, tocáramos o jugáramos con ellos. En pantalla podrán ver a Harry sosteniendo a un búho con serenidad, pero detrás de cámaras, es probable que hubiera cientos de personas, con luces y efectos sonoros. No es fácil conseguir que un animal haga lo que quieres con tanto escándalo a su alrededor.

Así que había un método. Los entrenadores llevaban a los animales al set horas antes de que llegáramos los niños, el resto del elenco e incluso el equipo. Ensayaban hasta el cansancio lo que se suponía que tenían que hacer: si el búho tenía que dejar una carta (o cartas vociferadoras), practicaban horas antes de que el set cobrara vida. Sin embargo, sin importar lo mucho que ensayaran, cuando los animales llegan a un set en acción y hay cientos de niños hablando, luces encendidas, máquinas de humo, efectos de fuego y toda clase distracciones, es muy probable que se distraigan. Así que desde el principio nos enseñaron que era *obligatorio* estar tranquilos en su presencia.

Con el curso de los años, a medida que el tamaño de los animales fue aumentando, también la zona destinada para ellos. Al final, había cientos de bestias fantásticas en Leavesden y todos disfrutaban trabajar con ellas. Pero ya saben lo que se dice sobre trabajar con niños y animales. No dudo que *Dame* Maggie Smith haya reflexionado sobre esa máxima mientras filmábamos *La cámara de los secretos*.

Dame Maggie tiene una presencia imponente. Tuve la fortuna de conocerla como Maggie a secas antes de entender de verdad que era una leyenda. Al igual que la propia profesora McGonagall, Maggie exuda una autoridad serena y discreta, y siempre oculta una sonrisa irónica. Y, al igual que Alan Rickman, tiene la capacidad de ser por completo severa y, al mismo tiempo, tener una paciencia absoluta. Es una cualidad útil cuando tienes un set de filmación repleto de niños traviesos que no tienen idea de quién eres y desconocen por completo el respeto que infundes. Y lamento decir que yo puse a prueba esa paciencia mucho más de lo que debí en esos primeros días.

La escena era la clase de transfiguración de la profesora McGonagall. Los alumnos están sentados en anticuadas bancas de escuela inclinadas, del tipo que se abre la mesa, y alrededor del salón había jaulas con animales dentro. Me refiero a serpientes, monos, tucanes, incluso un babuino maleducado. El babuino en cuestión no tenía —¿cómo decirlo?— consciencia de la sutileza de la interacción social y la etiqueta en el set, en particular no era consciente del comportamiento apropiado que debía exhibir frente a un grupo de niños. Es mi forma de decir, con rodeos, que tuvimos que lidiar con la distracción invasiva de un primate que se daba placer mientras filmábamos la escena. Hubo muchas tomas que tuvieron que desechar gracias a un babuino que se manoseaba en el fondo. Tuvieron que mover varias veces a la pobre criatura para evitar que su pasatiempo vigoroso arruinara la toma, y se pueden imaginar el caos que provocaba cuando uno de los niños veíamos de reojo qué estaba pasando y gritábamos: "¡Ah, vean al babuino!".

Para la escena, a cada uno de los niños nos dieron un animal. El mío era un geco en una rama. El equipo a cargo de los animales amarró un cordel de pescar a su cuerpo para evitar que se escabullera, y me dijeron con absoluta claridad que no le agarrara la cola. Al parecer, el superpoder de un geco es que puede mudar de cola y le crece una nueva, así que, si la agarras, es probable que la cola se desprenda en tu mano. Era un pequeñín bastante dócil. Se sentaba en su rama, bien portadito, y yo tenía que resistir el impulso de poner a prueba su superpoder. Al igual que el geco, los animales que distribuyeron en el salón eran muy relajados (más que el babuino, al menos). Había una musaraña gentil y varios insectos gigantescos, pero bien portados.

Y después, estaba el milpiés de Josh Herdman.

El milpiés tenía, fácil, el grosor de mi dedo gordo y la longitud de mi antebrazo. Tenía mil millones de patas y parecía incapaz de no moverlas. Se retorcía y enroscaba en el escritorio inclinado al lado mío, el opuesto de mi geco inmóvil. Era fascinante mirarlo e irresistible picarlo. En cualquier escuela, un niño hubiera usado un lápiz para ese fin, pero teníamos mejores herramientas a la mano. ¡Teníamos varitas! Con interés científico picamos y tocamos (con mucha suavidad) al pobre milpiés, y aprendimos algo

asombroso. Después de un rato, se hace bolita, como un erizo, adopta forma de una salchichita de Cumberland. Y cuando eso pasaba resbalaba
despacito
por el
escritorio
inclinado.

Las carcajadas que el milpiés resbalando nos causaba a Josh y a mí no eran normales. Con cada empujón-salchicha-resbalón, teníamos un ataque de risa.

En general, cuando alguien tenía un ataque de risa en el set era chistoso. Chris Columbus tenía una paciencia casi infinita y difícilmente te puedes esforzar por crear un entorno divertido en el set y después regañar a la gente por reírse. Pero no todo pueden ser risas. Llega un punto en el que necesitas tener material. Así que a Columbus se le ocurrió un sistema para abordar eventualidades como esta. Cada que uno de nosotros interrumpía una toma, nos daban una tarjeta roja. Una tarjeta roja implicaba que debías poner diez libras en una bolsa al final de cada día de rodaje, y todo el dinero se donaba a alguna beneficencia. Era un buen plan para mantenernos serios, pero no siempre funcionaba. Rupert Grint era uno de los peores infractores. Creo que solo en las primeras dos películas puso más de £2,500, tal era su incapacidad para controlarse cuando le ganaba la risa. Y tampoco funcionó en esta ocasión. Cada que gritaban "¡Acción!", Josh o yo movíamos al milpiés en un intento por mantenerlo en su lugar. Y otra vez se resbalaba
despacito
por el
escritorio
inclinado.

Y nos carcajeábamos.

—¡Corte!

Sacaban las tarjetas rojas. Nos disculpábamos. Josh y yo jurábamos con total solemnidad que nos portaríamos bien. Pero entonces, en cuanto escuchábamos la palabra "¡Acción!" nos ganaba la risa. Uno reprimía la risa y eso provocaba al otro. Incluso si no nos escuchábamos, ni nos veíamos, el maldito milpiés se resbalaba por la mesa y otra vez nos mataba de risa.

—¡Corte!

Nos llevaron aparte para hablar muy en serio con nosotros.

—A ver, chicos, *nos* están haciendo perder el tiempo, *su* tiempo y, sobre todo, el tiempo de *Dame* Maggie Smith. No es respetuoso y los vamos a sacar del set si creen que todo esto es un chiste. ¿Es lo que quieren?

Negamos con la cabeza. Sabíamos que nos estábamos portando pésimo. Queríamos demostrar, a toda costa, que éramos profesionales. Regresamos a nuestros lugares, disciplinados y resueltos a controlar nuestros ataques de risa involuntarios. Nos concentramos en *Dame* Maggie, austera, paciente, al mando de la clase. Josh y yo adoptamos actitud seria.

—¡Acción!

Carcajadas.

—¡Corte!

No sirvió de nada. No nos queríamos reír, pero éramos incapaces de controlarnos. Presentíamos la risita nerviosa del otro. Era como si nos estuvieran haciendo cosquillas sin piedad, doloroso y, a la vez, no podíamos dejar de reírnos. Para este punto, Chris Columbus y el resto del equipo estaban un poco más que frustrados. ¿Cómo diablos iban a rodar esta escena cuando dos Slytherins tontos la estaban arruinando, y todo por un milpiés resbaloso?

Al final, se llevaron los animales. Filmaron cada escena a partir de varios ángulos y decidieron que, como sobre todo necesitaban las tomas de Maggie, y nuestro papel era asistir su actuación, podíamos prescindir de la colección de animales. Y eso pasó, todo porque Josh y yo no nos comportamos con el milpiés.

Me moría de vergüenza por mi conducta así que después me acerqué a Maggie para disculparme. "Maggie, lo siento muchísimo, no sé qué me pasó. No volverá a pasar...". Con toda amabilidad rechazó mi disculpa. Supongo que, tras décadas de dominar su arte, era improbable que un par de adolescentes carcajeándose con varitas y un milpiés en su línea de visión fueran a arruinar su actuación. En ese sentido, una actriz con su experiencia es casi a prueba de balas. Y no creo que mi conducta haya puesto en riesgo nuestra relación. En el set era severa, pero amable, muy parecida a la propia McGonagall. Fuera del set, en estrenos y eventos, siempre era increíblemente amigable y complaciente. Recuerdo que mis papás tenían muchísimas ganas de conocerla y ella se portó muy buena onda. En definitiva, un tesoro nacional. Un modelo a seguir. Y se los dice un Slytherin.

• • •

De vez en cuando, debo decirlo, di el ancho. En *El cáliz de fuego* hay una escena en la que Ojoloco Moody convierte a Draco en hurón y luego, cuando McGonagall le llama la atención, lo vuelve a convertir en Draco. El guion dejaba muy claro que, tras la retransformación humana, Draco debía correr encuerado, humillado, para atravesar un patio abarrotado. No le di muchas vueltas, más allá de la broma ocasional de que tal vez no tenían un lente de cámara con el ancho suficiente. Pero cuando llegó la hora de filmar la escena, y me dieron una tanga transparente que me hizo añorar mi disfraz de Muñeco de nieve tres, de pronto caí en cuenta de la realidad de la situación.

—¿En serio vamos a hacerlo? —pregunté, con la tanga en la mano, y cientos de extras adolescentes mirando.

—En serio vamos a hacerlo.

—¿Ahora?

—Ahora.

Miré la tanga reveladora. Miré al equipo de cámaras. Miré a los extras, a los asistentes de dirección y al resto del elenco. Hasta que vi que algunos se empezaron a reír con disimulo me di cuenta de que los *bastardos* me estaban tomando el pelo. Se estaban burlando de mí, haciéndome ver como tonto. Pero por fortuna mi trasero se quedó tapado y así conservé mi modestia.

16.

DRAMIONE

o

EL POLLO
Y EL PATO

VAMOS A ADELANTARNOS UNOS AÑOS, A SANTA MÓNICA, LOS ÁNGELES.
Harry Potter es parte de mi pasado. Estoy viviendo en Venice
Beach y, en muchos sentidos, es el peor lugar posible para una
persona que tiene un perfil público. Diez mil turistas llegan aquí
todos los días y los estadounidenses no son célebres por su timidez
cuando se trata de acercarse a gente que reconocen. Sin embargo,
de algún modo, me libro. Tal vez porque toda la semana paso buena parte del día en shorts mojados, una gorra de baseball al revés y
patinando junto al muelle. Incluso si alguien me reconoce, seguro
lo descartaría: *Ese* no *puede ser Draco, ese parece un vago de la playa.*

Pero hay fama y hay *fama.* Lo recuerdo cuando Emma Watson
me viene a visitar.

Sugiero salir. Parece algo insignificante, ¿verdad? Un día en
la playa con una antigua amiga. Pero no es insignificante para
Emma. No estoy seguro de que Emma haría algo así sin que alguien la convenza. Y se nota por qué en el preciso instante que
salimos por la puerta. Yo llevo puesta una playera que dice "*Women
Do It Better*", que Emma aprueba. Ella lleva joggers y una playera,
un mundo de distancia de la Emma de la alfombra roja que todos

conocen. De todas formas, la primera persona con la que nos encontramos voltea la cabeza, la reconoce. Emma sigue casi idéntica que cuando terminamos de grabar las películas de Potter. Sin duda no parece un vago de la playa. Parece que la probabilidad de viajar de incógnito es nula.

Nos subimos a mi *longboard* eléctrica para recorrer el paseo marítimo. Un grupo de caras mexicanas voltean al vernos pasar. Primero la gente parece asombrada. Después, emocionada. Gritan el nombre de Emma. Gritan el nombre de Hermione. Y terminan persiguiéndonos por el paseo. Nos dirigimos a Big Dean's por una pinta. Soy cliente frecuente. Casi todos los empleados son amigos. Pero de pronto, parece que nunca me han visto en la vida. Todas las miradas están en Emma. Uno de los empleados se le acerca con un CD de su música, en espera de que, como "famosa", pueda pasárselo a alguien influyente.

Emma se mantiene serena. Conoce estas reacciones desde la adolescencia. Yo pude tener una vida más o menos normal junto a mi carrera en Hogwarts, pero para Emma fue casi imposible. Ha tenido que aprender a lidiar con esto. Salimos del bar y nos dirigimos a la playa en donde nos ocultamos debajo de una plataforma de salvavidas abandonada, dos enemigos en pantalla, ahora más cercanos que nunca, haciendo una pausa de la atención constante del público. Sentados aquí recordamos los años cuando la vida era diferente, cuando Emma no se sentía tan cómoda siendo el centro de atención y yo no era un amigo tan atento.

• • •

Mi relación con Emma Watson no arrancó bien. Para empezar, recordemos mi respuesta fría en la primera audición de Potter, cuando en el set castigué a una niña de nueve años con el pelo rizado con mi desencanto con el mundo. La hubiera perdonado si no hubiera querido tener nada que ver conmigo.

La cosa empeoró.

Sin duda, en la primera etapa de las películas había una clara división Gryffindor/Slytherin. Dos grupitos que se mantenían alejados, sobre todo porque no trabajábamos mucho juntos. Daniel, Emma y Rupert eran un grupito. Jamie, Josh y yo éramos otro. No nos llevábamos mal, para nada, pero de algún modo éramos distintos. Los tres protagonistas eran intachables. Nosotros no. Los tres protagonistas provenían de entornos cultos. Sí, no es que yo tuviera una vida dura, pero había claras diferencias en nuestra crianza. Supongo que nos creíamos un poco más cool que ellos. Nosotros pasábamos nuestros ratos libres escuchando rap –Wu-Tang, Biggie, 2Pac–, así que cuando Josh y yo nos enteramos que Emma, de nueve años, había preparado un show de baile en su vestidor y quería que lo viéramos a la hora del almuerzo, como era de esperar, lo menospreciamos. ¿Ir a un show de baile en vez de debatir qué estilo de rap era mejor, el de la costa este u oeste? Qué flojera, bro.

Llegamos al show de Emma riendo con disimulo y cuando empezó a bailar nos reímos más fuerte. Nos portamos como adolescentes antipáticos, en gran parte por incomodidad y porque creíamos que burlarnos era cool, pero a Emma le había ofendido nuestra reacción desconsiderada. Sí me sentí un poco idiota, y con razón. Al final, una de las mujeres de maquillaje y peinado me dijo las cosas claras. "Está muy ofendida. No te debiste haber burlado de ella. Te tienes que disculpar".

Sí me disculpé y Emma aceptó mi disculpa. Todos lo superamos. Fue un estúpido acto desconsiderado propio de un adolescente, el tipo de cosas que pasan todos los días. ¿Entonces por qué se me quedó grabado? ¿Por qué recordarlo es tan doloroso?

Creo que la respuesta es que con el paso de los años he entendido que, de todos, Emma tuvo que lidiar con más cosas, negociar su situación fue más complicado, y desde muy niña. Se convirtió en una de las mujeres más famosas del mundo —y para mí, una de las más impresionantes—, pero es fácil para alguien de fuera centrarse solo en la fama, no contemplar los desafíos que implica. Cuando empezamos, Emma no tenía trece años como yo, u once como Daniel. Tenía nueve. La diferencia es importante. Nunca había estado en un set de filmación y de todos los niños protagonistas, era la única niña. Estaba rodeada de "humor de niños" —chistes bobos y complicidad de niños preadolescentes—, y aunque en ese sentido se defendió de sobra, e incluso pudo haber sido más impertinente que todos juntos, no pudo haber sido fácil. Y la presión que tenía iba más allá de tener que lidiar con un grupito de niños idiotas. Emma nunca tuvo una infancia normal. En muchos sentidos, la trataron como adulto desde el día en que consiguió el papel. Es un fenómeno que, creo, puede ser más difícil para las niñas que para los niños. Los medios y el mundo las sexualizan de manera injusta. Las juzgan por su apariencia, y cualquier señal de seguridad causa desaprobación, cosa que no pasaría si se tratara de un hombre. Me pregunto qué hubiera pasado si alguien hubiera tenido la capacidad de conocer el futuro y le hubiera contado a la Emma de nueve años qué le esperaba. Que esta decisión la acompañaría el resto de su vida. Que nunca podría escapar. Que la perseguirían siempre. ¿Aun así lo habría hecho? Tal vez. O tal vez no.

Así que lo último que necesitaba, en un entorno que debió haber sido —y en general lo era— seguro, amigable y familiar, era que Josh y yo nos burláramos de su baile. Por eso me avergüenza recordar nuestro comportamiento. Por eso me alegra que nuestra amistad no se quedara en mi insensibilidad, que se hiciera profunda. Una piedra angular en la vida de ambos.

• • •

Siempre estuve enamorado en secreto de Emma, aunque quizás no en los términos que a la gente le gustaría. Esto no quiere decir que nunca haya habido una chispa entre nosotros. Sin duda alguna la hubo, solo que en distintos momentos. Una mujer de nombre Lisa Tomblin era jefa de estilismo en las últimas películas de Potter. La conocía desde los siete años, cuando trabajamos en *Anna y el rey*, y fue ella quien me contó que a Emma le gustaba. Ella tenía doce, yo quince. Tenía novia y, en cualquier caso, estaba programado para desestimar pláticas sobre esos temas. Me reí. De hecho, no creo haberle creído.

Pero el tiempo transcurrió y las cosas cambiaron. Nos volvimos más cercanos y cuanto más presenciaba y entendía su vida, más empatía le tenía. Me volví muy protector cuando ella lo necesitaba. Empecé a verla no como una niñita, tampoco como una celebridad propiedad del público, sino como una joven que estaba haciendo todo lo posible para negociar una vida en la que las situaciones e interacciones sociales ordinarias eran prácticamente imposibles. De vez en cuando, creo que para ella era sumamente difícil. Imagino que, también de vez en cuando, debió haber sido agobiante. Algunas personas no lo entendían. Eran incapaces de comprender la presión que implicaba haber estado bajo los reflectores desde pequeña.

Sin embargo, en aquellos días, buena parte del tiempo, si Emma parecía reservada no era porque estuviera teniendo un mal día sino por razones más complejas. Cuando filmábamos *El prisionero de Azkaban* estábamos en medio de un bosque en Virginia Water para grabar la escena en donde Buckbeak, el hipogrifo, ataca a Draco. Había quizá 50 miembros del elenco y el equipo, entre ellos Daniel, Emma y Rupert, Robbie Coltrane y, por supuesto, el propio Buckbeak. No es fácil pasar desapercibido cuando estás grabando con tantas personas. Y como se trataba de un lugar público, pronto atrajimos la atención de algunos fans. La reacción instintiva de Emma cuando desconocidos empezaron a gritar su nombre fue apartar la mirada, evitar hacer contacto visual y mantener su distancia. Sin duda parecía antipática, como si no se pudiera tomar la molestia de firmar autógrafos o interactuar con el público. Pero en el fondo, era una niña de doce años aterrada. No creo que entendiera bien por qué llamaba tanto la atención. Y con razón, pues el estudio no nos había preparado para lidiar con este tipo de situaciones.

No obstante, yo tenía un par de años más de experiencia y me preocupaba menos la interacción con el público. Me la llevé para hablar con ella en privado e intenté hacerle ver que no había razón alguna para sentirse amenazada, que estaba bien ser amigable, que teníamos el privilegio de crear un momento memorable para los fans que querían hablar con nosotros. Nos acercamos juntos y platicamos con ellos, y vi que se le quitó un peso de encima. Tal vez en parte quería compensar mi desconsideración cuando me reí de su rutina de baile. Más adelante, David Heyman me compartió que fue uno de los momentos en los que vio que estaba madurando, estaba dejando de ser el niño arrogante para empezar a convertirme en un joven más considerado. Y creo que le ayudó a Emma a hacer las paces, un poquito, con la extrañeza de la vida que se encontró viviendo. De cierto modo, ese día los dos nos ayudamos a madurar, fue mutuo.

Empezaron a correr rumores sobre la naturaleza de nuestra relación. Negué que me interesaba de esa forma, pero la verdad era distinta. Mi novia de esa época supo de inmediato que entre nosotros había algo tácito. Recuerdo haber recurrido a la frase clásica: "La quiero como a una hermana". Pero no era del todo cierto. No creo que estuviera *enamorado* de Emma en sentido estricto, pero la quería y admiraba como individuo de una forma que nunca podía explicar a nadie.

Una vez nos vimos fuera de Hogwarts, algo que casi nunca hacía con nadie del elenco o el equipo porque prefería regresar a la normalidad de mi vida cotidiana. Pasé por ella y fuimos a caminar un buen rato alrededor de un lago cerca de mi casa. Emma pasó buena parte del día regañándome por fumar y después me dijo algo que se me quedó grabado. "Siempre he sabido que soy un pato, pero toda la vida me han dicho que soy un pollo. Cada que quiero decir "cuac" el mundo me dice que tengo que decir "pío". Incluso empecé a creer que *era* un pollo y no un pato. Pero nos hicimos amigos y encontré a alguien más que grazna. Entonces pensé, *Al diablo con ellos, ¡sí soy un pato!*".

¿Ya mencioné que Emma tiene un don con las palabras?

A cualquier otra persona, el relato de Emma sobre el pollo y el pato le pudo haber parecido un disparate. A mí no. Entendí exactamente a qué se refería. Éramos espíritus afines, nos entendíamos y nos ayudábamos a encontrarle sentido a nuestras vidas y a nosotros mismos. Desde entonces hemos graznado juntos. Estoy convencido de que siempre podré contar con Emma y ella conmigo.

Y créanme, nadie mejor que Emma para cuidarte, en particular porque tiene un gancho derecho brutal, como descubrí para mi perjuicio un día.

Estábamos rodando *La cámara de los secretos* cuando se publicó el libro de *El prisionero de Azkaban*. Como siempre, fui uno de los últimos miembros del elenco en leerlo, pero me enteré de que incluía una escena en la que Hermione le da una merecida cachetada a Draco. ¡Cool, se va a poner bueno! En ese entonces era fan de las películas de Jackie Chan y me emocionó enterarme de que, cuando filmáramos la próxima película dentro de un año, Emma y yo íbamos a tener una escena violenta en pantalla. Así que en cuanto lo supe, Josh y yo fuimos a buscarla para practicar nuestro combate escénico. Había una carpa fuera del set, como una marquesina de boda. Ahí podíamos estar los niños cuando no teníamos que estar en el set o en tutorías. Para empezar, estaba bien surtida de chocolate, papitas, Coca-Colas y, créanlo o no, Red Bulls, y yo, maliciosamente, animaba a los niños más pequeños a tomarlo. A fin de cuentas, era gratis. Esto cambió muy pronto cuando la mamá de Matthew Lewis, quien interpretaba a Neville Longbottom, hizo la observación, para nada irracional, de que darle chocolate y bebidas energéticas a los niños de nueve años no era la mejor idea en la historia de las ideas. Una vez más consolidé mi reputación entre los chaperones. Para nuestra desilusión, las botanas cambiaron, ahora encontrábamos fruta fresca y agua, y la carpa se volvió un poco menos tentadora. Pero sí tenía una mesa de ping-pong y Emma era una jugadora tremenda, así que seguido la podías encontrar ahí.

Josh y yo entramos corriendo a la carpa. Como era de esperarse, Emma estaba jugando ping-pong con una niña. Mi imaginación voló con la idea de representar la perfecta cachetada escénica estilo Jackie Chan, en la que las cámaras están perfectamente alineadas a mis espaldas para que parezca que su palma hizo contacto sólido con mi cara, y que yo lo venda muy bien en pantalla, aunque Emma no me haya tocado. Ni de cerca. Así que me acerqué súper emocionado.

INTERIOR. LA CARPA. DÍA.

(*Tom y Josh le dan vueltas a la mesa de ping-pong, esperan a que Emma aplaste a su rival. Parece*

un poco perpleja por el brillo maniático en su
mirada)

TOM
¿Quieres practicar para darme una cachetada?

EMMA
(*Con el ceño fruncido*)
¿Cómo?

TOM
Porque en la próxima película eso haces, me
das una cachetada.
(*Miente*)
¡Lo acabo de leer!

EMMA
Ok, va.

TOM
(*Haciendo mansplaining*)
Va. Entonces, vas a hacer esto. Necesitas
pararte aquí, necesitas utilizar tu cuerpo,
necesitas darlo todo para que parezca
real, necesitas…

(*Mientras Tom sigue hablando, con toda calma,*
Emma lo agarra, levanta una mano y —no se da
cuenta de que él se refiere a una cachetada
escénica— le da un cachetadón con todas sus
fuerzas).

(*Una pausa*)

EMMA

¿Así?

(*Tom parpadea. Fuerte. Reprime las lágrimas*)

TOM
(*Con voz entrecortada*)
Perfecto, sí, así. Estuvo… perfecto. Bien
hecho. Súper bien. Nos vemos al rato, ¿va?

(*Le da la espalda a Emma y sale de la carpa
avergonzado. Con la cola entre las patas*).

No tuve los cojones de decirle a Emma que no había querido decir que me reventara la cara, o que casi me hace llorar. No lo supo hasta muchos años después. Y cuando, el año siguiente llegó la hora de filmar esa escena, se pueden imaginar mi titubeo cuando me dijeron que habían cambiado la cachetada por un puñetazo. Le supliqué a Emma que se asegurara de que para nuestro puñetazo escénico mantuviera su distancia. No me importa reconocer que me temblaba la mejilla del recuerdo del gancho derecho de Emma Watson.

Emma me ha dado muchas lecciones valiosas en el curso de los años, las más importantes: no siempre sigas a la manada, nunca subestimes el poder de una mujer, y hagas lo que hagas, no dejes de graznar.

17.

LOS WEASLEBEES EN ACCIÓN

o

JUGANDO GOLF CON GRYFFINDORKS

A VECES, A LOS NIÑOS NOS LLEVABAN DE IDA Y VUELTA AL SET EN UN autobús grande. Imaginen un paseo escolar normal, desordenado, salvo que los pasajeros no estaban vestidos en uniformes escolares, sino en túnicas de mago y varitas mágicas. Tengo trece años y con parte de mi salario de Harry Potter me compré un reproductor de CD portátil y un CD de Limp Bizkit. Estoy sentado en el autobús junto a Rupert Grint, escuchando "Break Stuff" a todo volumen en mis audífonos.

Tal vez conozcan Limp Bizkit. Si es así, pueden tener la opinión de que no es completamente adecuado para niños de trece años, y con justa razón. Los temas son adultos, el vocabulario, vulgar. Cómo me gustaba. Volteé a mi derecha, en donde Rupert estaba quietecito en sus asuntos. Se me ocurrió que podía sacarle una expresión de Ron Weasley en toda regla: de asombro desconcertante. Así que le puse mis audífonos. Frunció el ceño. Abrió los ojos como platos. Y cuando escuchó el golpe completo de las letras de Limp Bizkit, apareció esa clásica expresión de Ron. Ya saben cuál. Como si le hubiera puesto una araña en las piernas.

Cuando recuerdo ese incidente, recuerdo dos verdades. La primera es que había motivos por los que, en una o dos ocasiones, no fui la persona favorita de la mayoría de las mamás chaperonas. ¿Recuerdan la patineta? ¿Recuerdan el Red Bull? Creo que a veces fui una influencia alborotadora en algunos de los niños más pequeños, ya sea porque distribuía dulces o porque exponía a sus hijos e hijas al lado más explícito del rap estadounidense. La otra es que, en la vida real, los actores que interpretaban a los Weasley eran igual que ellos: graciosos, cálidos y relajados. Sobre todo Rupert.

• • •

Desde luego, conocí a Mark Williams, quien interpretaba al señor Weasley, cuando trabajé en *The Borrowers*. En Potter casi no nos vimos. Nuestras escenas no solían coincidir, así que mi contacto con él se limitó a los estrenos y las ruedas de prensa. Pero esos recuerdos que tengo de él, antes de Potter, son de un actor que se la pasaba haciendo bobadas. En el set era relajado y le gustaba hacer sentir a todos a su alrededor igual de relajados. Parecía que siempre era el primero en reconocer que no estábamos haciendo nada en especial importante —solo haciendo películas—, así que estaba bien divertirnos en el proceso.

Mark era la contraparte perfecta para Julie Walters, quien interpretaba a la señora Weasley (para encanto de mi madre). Si bien en el set era la reina de la calidez, también tenía un sentido del humor travieso, y ella y Mark se la pasaban jugando. Los dos eran cálidos y absolutamente centrados. En breve, eran los Weasley perfectos. Estoy seguro de que, en buena parte gracias a ellos, Rupert, junto con James y Ollie Phelps, quienes interpretaban a Fred y George, se sabían divertir tanto en el set. Cuando los

Weasley estaban juntos, siempre se veían relajados y se la pasaban bien.

En pantalla, Rupert y yo éramos enemigos acérrimos. Fuera de pantalla, adoraba, y sigo adorando, al Ninja pelirrojo. Era casi imposible no hacerlo. Desde el principio siempre fue divertidísimo. Se trata del tipo que consiguió su papel porque mandó un video de él rapeando la línea inmortal de: "Hola a todos, soy Rupert Grint, espero guste esto, a ver si no apesto". Como era de esperarse, su parecido con Ron era absoluto. Era igual de insolente, tenía el hábito de soltar comentarios un poco inapropiados que la mayoría habría reprimido. Tenía un problema inmenso —y costosísimo— con reírse en el set, y gracias al sistema de tarjetas rojas de Chris Columbus, le costó varios miles de libras. Tener ataques de risa en el set es un riesgo laboral para los actores, sobre todo para los niños. Solo hace falta que alguien diga algo equivocado o te vea de cierta forma y no importa cuántas llamadas de atención recibas, o con cuántos actores legendarios estés trabajando, es casi imposible no carcajearte cada que las cámaras empiezan a grabar. De todos, Rupert era, por mucho, el más susceptible a los ataques de risa.

Siempre parecía que a Rupert nada le molestaba. Pese a toda la presión que experimentaba desde el primer día en Potter, nunca lo escuché quejarse ni parecer ni un poquito molesto por las desventajas ocasionales de estar bajo la mirada del público. Es una persona buena, agradable, que parece tomarse todo y a todos a la ligera. Tiene menos actitud de "celebridad" de lo que imaginarían para un actor de su perfil. Y aunque los personajes a los que interpretamos se detestaban, fuera del set siempre sentí que teníamos mucho en común. Los dos hicimos lo mismo con nuestro sueldo: disfrutarlo un montón. Si van a nuestras casas encontrarán montones de chucherías chifladas. Compré un perro, él una llama.

Dos, de hecho, que en un par de años se convirtieron en dieciséis (resulta que las llamas se reproducen con entusiasmo). Él se compró un coche padre, igual que yo. Yo me compré un Beamer (descapotado, aunque estuviera helando) y él cumplió su anhelo de la infancia de ser heladero, invirtiendo su salario ganado con esfuerzo en un camión de helados, bien surtido, que a veces llevaba al trabajo para darnos helado gratis. Incluso tenía la costumbre de pasear por pueblos tranquilos para distribuir helados a los niños, perplejos porque Ron Weasley en carne propia les entregaba sus conos. Era una locura, pero de algún modo, por completo característico de Rupert. A pesar de todo, no sabía ser otra cosa que no fuera él mismo.

Todos cambian un poco con los años. En las últimas películas Rupert se tornó un poco más tranquilo y su carácter juguetón, un poco más reservado. Pero nunca perdió su autenticidad ni su naturaleza amable y genuina. Años después, de todos los amigos que hice en el set de Harry Potter, con él he compartido mi pasión por algunos proyectos. Desde hace varias Navidades, he visitado el Hospital Infantil de Great Ormond Street, en Londres, para dar regalos a los niños que pasan las fiestas en el hospital. Empiezo mi día en la juguetería Hamleys (sí, a la que iba después de las audiciones con mamá) y me embolso todos los productos de Potter que pueda. Después voy al hospital con un costal de Santa lleno de juguetes. Una vez mensajeé a Rupert una noche antes para preguntarle si me quería acompañar. Parece algo insignificante, y lo *es*, comparado con lo que algunos niños en el hospital tienen que experimentar, pero era muy consciente de que, para Daniel, Emma y Rupert, más que para los demás, la cuestión de las obras de beneficencia es más compleja. Tenemos la capacidad de ayudar a la gente con nuestra mera presencia. A veces ni siquiera tenemos que asistir. Daniel, por ejemplo, puede firmar diez fotos y reunir miles de libras para una beneficencia de la noche a la mañana. Aunque la mayoría tienen motivos para no dedicar parte importante de su valioso tiempo libre a causas benéficas, nuestros motivos son menos convincentes. Por supuesto, es un privilegio enorme hacer lo que podamos por los menos afortunados, pero ese privilegio suscita una pregunta incómoda. ¿Cómo poner límites? ¿Cuándo detenerse? No escasean las personas que necesitan ayuda y sería fácil castigarte por no hacer más. Como todos, Rupert hace lo que puede por aprovechar su perfil en causas nobles, pero hubiera sido completamente razonable que mi mensaje de último momento para visitar Great Ormond Street hubiera sido demasiado (sobre todo porque sé que lo mata ver a niños que no están bien). Pero, siempre entusiasta, llegó al día siguiente con su pareja. Sin el equipo de su agencia, sin chofer, sin aspavientos: solo Rupert, modesto, despreocupado, contento de dedicar su tiempo para alegrarle los días a algunos niños que lo necesitaban mucho.

Así es Rupert en resumidas cuentas: extravagante, insolente, considerado, confiable, gentil y un buen contacto si se te antoja un helado.

· · ·

Los gemelos Phelps, James y Ollie, interpretaron a Fred y George Weasley. Son un par de años más grandes que yo, así que no había forma de impresionarlos con rap gánster a todo volumen. Tardé casi una década en distinguirlos y nunca me arriesgué a llamarlos por sus nombres, por si me equivocaba. Aunque no grabamos muchas escenas juntos, desarrollamos una amistad que perdura hasta hoy. Los dos son igual de cálidos y graciosos como sus personajes.

Dale a Fred y George tantita diversión y la van a multiplicar. James y Ollie compartían este rasgo con los gemelos ficticios.

Siempre eran buenísimos para sacarle provecho a cualquier situación. Si se puede hacer un chiste, lo van a hacer. Si pueden embaucar a alguien, lo van a hacer. En las últimas películas, los realizadores querían grabar varias tomas "detrás de cámaras" como material adicional. Sugirieron ir a casa de los actores y grabarlos haciendo sus actividades *muggle* cotidianas, paseando al perro, lavando el carro, podando el pasto y así. A casi nadie le entusiasmaron estas sugerencias. Los hermanos Phelps tenían otras ideas y tuvieron una manera de proponerlas muy al estilo de Fred y George. Ellos jugaban golf, como Rupert, y yo también había empezado a agarrarle el gusto a darle a una pelotita blanca. Sugirieron, muy casuales, ir a jugar golf a algún lugar icónico, para filmarlo. ¿Qué tal, por ejemplo, Celtic Manor en Gales? Era un destino muy popular entre golfistas que iba a celebrar la Copa Ryder en su campo nuevecito, por lo que era imposible reservarlo.

Para nuestro deleite, cayeron, así que James, Ollie, Rupert y yo nos preparamos para nuestro viaje en carretera a Celtic Manor. ¡Pero esperen! No funcionaría si había otros golfistas, los gemelos señalaron muy convenientemente. Estaríamos acompañados de un equipo de camarógrafos que estorbarían a los otros golfistas. Se les "ocurrió" una idea brillante: ¿no sería más sensato si tuviéramos el campo para nosotros solos?, sugirieron casi al unísono. Se tomó en cuenta su astuta observación y el resultado fue que se reservó uno de los campos de golf más codiciados del mundo para todo un día, con el único fin de que los cuatro jugáramos. Como en cualquier torneo de golf que tuvimos, ganaron los Weasleys. Malditos *Gryffindorks*.

18.

DRACO
Y HARRY

O

LAS DOS CARAS
DE LA MISMA
MONEDA

NADIE SABE —NADIE PUEDE SABER— QUÉ SIGNIFICA SER DANIEL Radcliffe. No existe una sola persona en el proyecto de Potter que haya tenido más presión que Daniel. Desde el momento en el que lo seleccionaron para el papel, nunca volvió a ser un niño *muggle*. En realidad, no. Y si bien lo mismo se puede decir de Emma y Rupert, para Daniel, los reflectores eran un poco más intensos. A fin de cuentas, era el Niño que sobrevivió, pero también era el niño que nunca más viviría una vida normal. Como la mayoría de los adolescentes comunes y corrientes, tuve el privilegio de tomar algunas decisiones desastrosas en mi juventud. Para mí, las peores repercusiones fueron tener una Polaroid policial colgada en la pared de una oficina en HMV Guildford. Para Daniel, las consecuencias de ser un adolescente salvaje normal hubieran sido mucho más serias. Casi desde el primer día, la gente le estaba tomando fotos, intentaba filmarlo a escondidas, sorprenderlo en algo comprometedor o vulnerable. En ningún momento les dio la oportunidad de hacerlo, no podía. El peso de las películas caía casi de forma exclusiva en sus hombros.

Le tengo muchísimo respeto por cómo aprendió a lidiar con esa presión, y también lo quiero mucho como individuo. De todos los personajes ilustres a quienes conocí durante las películas de Potter, quizás a Daniel le aprendí más y es en quien más me veo reflejado.

Quizás esto parezca extraño dado que nos eligieron por las similitudes con los papeles que interpretamos. A fin de cuentas, Harry y Draco son enemigos desde el principio. Pero no lo veo así. Yo diría que Harry y Draco son dos caras de la misma moneda, y creo que Daniel y yo somos parecidos.

Al principio, manteníamos nuestra distancia. Cada que nos encontrábamos en el set, nos limitábamos al saludo característico británico, asentar con la cabeza y un "Buenos días, ¿todo bien? Qué bueno". Yo estaba ocupado haciendo tonterías con los Slytherin y Daniel estaba ocupado con cosas serias. No nos cruzamos tanto como imaginarían. Cuando *sí* nos cruzábamos, lo que me impresionaba de él era su inteligencia aguda y su memoria casi erudita en torno a estadísticas desconocidas del cricket y trivia de *Los Simpson*. Nos sentábamos en nuestras escobas entre tomas mientras el equipo volvía a preparar una escena, haciendo preguntas de *Los Simpson* y nadie tenía mejor conocimiento especializado que Daniel.

A medida que transcurrieron las películas nos hicimos más amigos y empezamos a vernos cada vez más. A veces iba a su casa a ver cricket, pedir pizza y quizá fumar demasiados cigarros. (Sin duda, éramos dos adolescentes que empezamos a fumar muy chicos. Era muy probable que cualquiera que visitara Leavesden, si se perdía detrás de uno de los viejos almacenes y se asomaba debajo de una torre de andamios, nos encontrara a Harry, Draco y Dumbledore encogidos por el frío, tomando té y disfrutando "una bocanada de aire fresco", el eufemismo que se nos ocurrió).

Cuanto más iba conociendo a Daniel, más me daba cuenta de las similitudes que compartíamos. Los dos éramos hiperconscientes de nuestro entorno y las emociones de los demás. Los dos teníamos una sensibilidad emocional muy aguda, la energía en nuestro entorno nos afectaba con facilidad. Siempre me pareció, y lo sigo creyendo, que de haber sido hijo único como Daniel, de no haber tenido la influencia de tres hermanos mayores, hubiera terminado más como él. Y si Daniel hubiera disfrutado de la influencia errática de Jink, Chris y Ash, no me hubiera sorprendido que habría terminado más como yo. Y esto tiene cierta simetría porque creo que, tal vez, se puede decir lo mismo de Harry y Draco. Nunca lo hubiera entendido en la primera etapa de Potter, pero conforme transcurrieron las películas, me pareció cada vez más evidente. Y hoy me doy cuenta de que, uno de los motivos por los que me di cuenta de esto, fue el talento que Daniel desarrolló como actor.

Daniel era el primero en reconocer que cuando todo empezó ninguno de nosotros sabía bien a bien qué hacía. Sí, él y yo habíamos estado en otros sets de filmación, pero ¿qué tan bueno puede ser alguien tan pequeño? Sin embargo, desde el principio Daniel quería mejorar. Siempre contemplaba sobre su trabajo previo con malos ojos, y tenía la admirable capacidad de saber que podía hacer su papel en piloto automático, pero no quería. Su interés era genuino, y desde el primer día se comprometió con volverse el mejor actor que pudiera. Una labor abismal cuando te han dado el papel de Harry Potter. En mi opinión, era el papel más difícil. Harry es y siempre fue el elemento esencial, el suelo firme, el personaje confiable. Tiene que ser así para que los demás nos desarrollemos a su alrededor. La indiferencia de Draco, los chistes de Ron, la inteligencia aguda de Hermione, la torpe gentileza de Hagrid, la maldad de Voldemort, la sabiduría de Dumbledore: la solidez constante e inquebrantable de Harry hace muy evidentes estos rasgos. Se requiere una habilidad muy especial para lograr esa solidez y aun así llamar la atención y conmover al público.

Daniel aprendió rápido y bien. Enseguida se volvió un actor muy especial. Tal vez se debió a que él, más que el resto, estaba rodeado de genialidad y fue inevitable que se contagiara. Tal vez, para empezar, tenía la semilla de la genialidad. Sea cual sea el caso, dentro de poco empezó a llamar la atención de todos a su alrededor cuando estaba en el set. Era inspirador para todos. Seguimos su ejemplo y si había una persona que querías seguir en una batalla, era Daniel, al igual que Harry. Nos recordaba con soltura, tan solo con su comportamiento, que tomáramos nuestra oportunidad en serio y, al mismo tiempo, nos divirtiéramos mucho.

Incluso si no siempre seguí el ejemplo de Daniel en ese sentido, me terminó contagiando su actitud concienzuda. Aprendí más de verlo y actuar a su lado que de cualquiera de los adultos. Cuando llegó la hora de que Draco se desarrollara como personaje, si mi representación de su desarrollo tuvo éxito alguno fue en parte gracias a que observé a Daniel.

Durante las primeras películas no le di mucha importancia al desarrollo de Draco. En *La piedra filosofal* queda claro que es falso y desagradable. En *La cámara de los secretos* vemos su privilegio: le toca la mejor escoba y así entra al equipo de Quidditch. Es el chico de la escuela cuyo papá le compra un Ferrari para su primer coche. No parece tener una pizca de humanidad, pero aunque todo el mundo *muggle* aprende a odiarlo, no parece que su arrogancia vaya a convertirse en algo peor. Como resultado, pasé las primeras cinco películas sonriendo con suficiencia desde una esquina. No necesitaba darle muchas vueltas al desarrollo de Draco porque no había tal cosa. Siempre era el mismo.

Pero en *Harry Potter y el misterio del príncipe* todo cambió. Gracias a Draco vemos que, con frecuencia, los bravucones sufren acoso. Desde que empezó el rodaje, el director, David Yates, habló conmigo en privado. "Si podemos suscitar aunque sea uno por ciento de empatía hacia Draco, habremos tenido éxito. Recuerda que estás planeando hacer lo peor que ha pasado en el mundo de la magia: matar a Dumbledore. Cuando sostienes esa varita es el poder de sostener un ejército en la mano. Necesitamos compadecernos de ti. Necesitamos pensar que no tuviste alternativa".

Draco Malfoy fue el chico que no tuvo alternativa. Su padre autoritario lo dominaba, los mortífagos lo obligaron, Voldemort lo intimidó, y temía por su vida: sus acciones no eran propias. Eran las acciones de un chico cuya voluntad le han arrancado. No podía tomar sus propias decisiones y el giro que había dado su vida lo aterraba. La escena en la que esto quedó evidenciado fue cuando Harry se lo encuentra llorando en el lavabo, antes de que se enfrenten en un duelo y Harry recurra al hechizo *sectum sempra*. Fue una de las pocas escenas que Daniel y yo hicimos solos, y sentí que me elogiaron sin merecerlo. Para mí, la genialidad se debió al guion. Pero si se notó que mejoré para el desarrollo de Draco, fue en gran parte por lo que había aprendido de observar a Daniel. No podía seguir siendo el chico que sonríe con suficiencia en una esquina, tenía que encontrar la manera de hacer del personaje alguien de carne y hueso.

Para mí, el arco dramático de Draco en las últimas películas llega al núcleo de uno de los temas principales de las historias de Harry Potter: el de la elección. Es un arco que llega a su clímax durante la escena en la mansión Malfoy. Harry está desfigurado. Llaman a Draco para que lo identifique. ¿Es o no Harry Potter? En el set no se debatió si Draco sabe o no que es Harry. En mi opinión sabe perfectamente quién es. ¿Entonces por qué no lo dice? Me parece que el motivo es que el chico que no tenía alternativa, por fin la tiene. Puede elegir identificar a Harry o puede elegir hacer lo correcto. Hasta entonces, en cualquier otro momento hubiera entregado a Harry. Sin embargo, por fin entiende lo que Dumbledore le dijo a Harry al principio de la historia: nuestras elecciones, no nuestras capacidades, nos demuestran quiénes somos en realidad.

Por eso creo que Harry y Draco son dos caras de la misma moneda. Harry es producto de una familia que lo adoraba, que dio la vida por él. Draco es producto de una familia que lo intimidaba y maltrataba. Pero cuando tienen la libertad de tomar sus propias decisiones, llegan a un destino similar.

19.

UN GOLPECITO
EN LA NARIZ

O

HAGRID Y EL
ESPELUZNANTE
TOM DE HULE

En el set de Harry Potter había cientos de actores. A algunos apenas los vi, o nunca. A otros los conocí bien. Así que permítanme llevarlos a un recorrido por Hogwarts y les presentaré a algunos.

• • •

Ya les conté del gancho derecho de Emma Watson. Para no hacerles el cuento largo: ni se le acerquen. Pero no era la única que me plantó una cachetada. Y, de vez en cuando, respondí igual.

Devon Murray interpretó a Seamus Finnigan. Siempre estuvo genial en el set y era un Seamus Finnigan muy apropiado. No paraba de hablar y era muy travieso, pero noble. Una vez me dio un madrazo en la cara, en una tienda departamental cuando estábamos en locación. No recuerdo por qué. Tal vez hice algún comentario sarcástico. Tal vez fui completamente inocente y fue el resultado de una apuesta. Nos encantaba hacer esas cosas. Recuerdo que alguien hizo una pócima rancia de Coca, leche y granos de café y le ofreció a todo el mundo una libra para tomársela. Así que tal vez, en un espíritu similar, alguien le había ofrecido 50 centavos por madrearme. No fue personal. Por lo menos fue tan impersonal como puede ser un puñetazo en la cara.

Jamie Waylett, quien interpretó a Crabbe, una vez recibió un inofensivo golpecito en la nariz en el Gran Comedor de mi parte. Tampoco fue personal. Era el comportamiento normal de tres Slytherin que eran muy amigos. Josh "Goyle" Herdman tenía más o menos mi edad, pero Jamie era varios años menor. No nos impidió ser muy cercanos porque Jamie era mucho más maduro. Al igual que a Josh y a mí, le gustaba el hip-hop y era un rapero extremadamente talentoso. Pero a veces se percibía que cargaba con una especie de agresión reprimida. Éramos cercanos, pero peleábamos. En ese sentido, supongo que en la vida real nos parecíamos mucho a los personajes que interpretábamos. En su mayoría se trataba de la euforia exagerada propia de la infancia. Me llevaba la contra por una u otra cosa, yo respondía y las cosas terminaban mal. Teníamos muchas escenas juntos, por lo tanto, teníamos mucho tiempo libre juntos. Y ya saben qué pasa cuando los niños se molestan y pasan mucho tiempo juntos. Pero al día siguiente nos tratábamos como si nada hubiera pasado. Éramos niños, aunque muy latosos.

Un día, estábamos filmando en el Gran Comedor. Jamie estaba sentado a mi izquierda en la mesa de Slytherin, Josh a mi derecha, y Jamie me estaba provocando sin parar. Sin malicia, otro día yo pude haberlo estado hostigando, o Josh a mí. Jamie me estaba pateando por debajo de la mesa, dándome codazos y susurrando que era un idiota justo cuando las cámaras ya habían empezado a rodar. Cabe aclarar que yo no era completamente inocente cuando se trataba de hacer el tonto en el set, pero sí *intentaba* ser profesional. Sí *intentaba* ser meticuloso. Una de las cosas que los adultos nos inculcaron y no se cansaban de repetir era que, cuando el equipo había pasado horas montando una escena y las cámaras estaban a punto de rodar, sin importar lo que estuvieras haciendo, te callabas la boca y esperabas escuchar la palabra mágica: "¡Acción!". Que la cámara no te estuviera apuntando no significaba que no tuvieras que actuar. De hecho, a veces tu actuación fuera de cuadro puede ser igual de importante que tu actuación dentro de cuadro. Tus reacciones, tu línea de visión, tu diálogo son un contrapeso para quien esté en cámara en el momento. Por algún motivo, ese día en particular, las provocaciones de Jamie me molestaron mucho, así que un milisegundo antes de que gritaran "¡Acción!", me volteé y le solté un puñetazo en la nariz. No fuertísimo, pero lo suficiente para que le sangrara la nariz un poquito. Y no sé por qué los productores llamaron a Josh y le dieron un sermón sobre no molestar a Jamie. Hablando de cables cruzados. Lo siento, Josh, amigo.

Cuando no nos estábamos peleando a puñetazos, Josh, Jamie y yo éramos súper cercanos. En general, hacíamos travesuras, y cuando no, nos volcábamos en nuestra pasión por la música. Monté un pequeño estudio en mi cámper y grabamos varias canciones. Era rap gánster, lo más explícito que podían inventar tres chicos blancos, británicos de Slytherin. Sobreviven las grabaciones. La habilidad lírica de Crabbe y Goyle me sorprende, y las sigo escuchando hasta la fecha.

Sin embargo, a medida que fueron progresando las películas se hizo evidente que a Jamie le empezó a desinteresar filmar. Parecía no tener entusiasmo e incluso se le veía desanimado. Hacía el mismo truco que yo en la escuela, se metía el cable de sus audífonos por la manga y escuchaba música en vez de ponerle atención al director. Era una actitud que le iba como anillo al dedo a su personaje, porque a Crabbe le vale todo y todos. Pero para quienes lo conocíamos se hizo evidente que no la estaba pasando bien en la filmación, que no lo estaba disfrutando.

Después las cosas se empezaron a complicar fuera del mundo de Potter. Cuando terminamos de filmar *El misterio del príncipe* tuvo un roce con la ley. Después de eso fue difícil que los realizadores lo invitaran a las últimas películas. Lo compadecí. Había estado desde el principio, y al margen de las peleas, habíamos sido amigos. Despreciar a la autoridad era parte de su personaje, pero cuando este rasgo se filtró a su propia vida, de pronto ya no había lugar para él. Por supuesto que entendí los motivos, pero de todas formas fue triste. Así se desintegró nuestro original trío Slytherin.

• • •

Robbie Coltrane, quien interpretó a Hagrid, fue uno de los pocos actores a quienes reconocí cuando empezamos a trabajar en las películas de Potter por sus papeles en *El ojo dorado* y *Cracker*. Quizá más que nadie, entendía la importancia de mantener una actitud alegre. Era un bromista, pero también el recipiente de los chistes. O más bien, permitía ser recipiente de los chistes y sus reacciones eran divertidísimas. Hubo una fase en la que Daniel y yo teníamos un chiste muy divertido en el set, le cambiábamos el idioma a los teléfonos de las personas y no podían regresar a la configuración en inglés tan fácil. Robbie fue objeto de ese chiste muchas veces porque su reacción era muy entretenida. Entrecerraba los ojos, volteaba a ver a su alrededor y murmuraba: "¿Quién fue el cabrón que hizo esto?". Actuaba como si estuviera listo para asesinar al culpable, pero la verdad participaba con mucho entusiasmo. A Robbie siempre le gustaba recordarnos que nuestra misión no era curar el cáncer. No estábamos salvando el planeta. Solo estábamos haciendo una película. Debíamos recordarlo, no dejar que se nos subiera a la cabeza e intentar divertirnos en el proceso. Tenía una buena dosis de Hagrid: el gigante amigable que nunca pierde de vista lo importante en la vida.

En la escena de *El prisionero de Azkaban* en la que Buckbeak patea a Draco, Hagrid se lo tiene que llevar cargando. Recurrieron a toda clase de aspectos técnicos ingeniosos y mágicos para que Hagrid pareciera un gigante. La mayoría de mis escenas con él no las hizo Robbie, sino Martin Bayfield, un jugador de rugby de 1.85 en un enorme traje de animatrónica. (Era un traje asfixiante, a Jamie y a mí nos regañaron varias veces por carcajearnos porque a Hagrid le salía vapor de las orejas). Sin embargo, en esta escena se ve la cara de Hagrid completa, así que, en vez de hacerlo muy grande, me hicieron muy pequeño. Crearon un *dummy* de Draco que medía más o menos una cuarta parte de lo que yo para que Robbie lo cargara. No era un juguete —les llevó meses construirlo y miles de libras—, pero naturalmente, como cualquier niño, estaba encantado con la idea de tener un *mini-yo* de mentira para jugar con él. Mi plan inmediato era llevármelo al estacionamiento, esperar que alguien saliera en reversa y aventarlo detrás del carro. No sé cómo logré contenerme de llevar a cabo ese chiste, pero mi mamá estaba en el set ese día y sí me esmeré mucho por asustarla con el espeluznante Tom de hule. Robbie participó. Cuanto más se retorcía mi mamá ante la idea de que su hijo menor hubiera quedado inmortalizado en un maniquí, Robbie más lo agitaba en su dirección, para la diversión absoluta de todos. Así era Robbie siempre. Como adulto, tenía un sentido del humor mordaz, y con los niños era un agasajo también. (Hoy, el *dummy* de Draco está felizmente jubilado y pasa el resto de sus días en el recorrido de Potter que organiza el estudio en Leavesden).

Robbie también era cálido y cariñoso. En la primera película, Hagrid lleva a Harry, Ron, Hermione y Draco al Bosque Prohibido. Parte de esa escena se filmó en el estudio cuando construyeron el Bosque Prohibido. Pero otra parte se filmó en locación y de noche. Recuerdo muy bien estar sentado en un toldo de plástico en el piso a las dos de la madrugada en un bosque helado con Daniel, Rupert y Emma. Emma tenía nueve años, estaba hecha bolita dormida al lado mío mientras esperábamos que montaran la siguiente toma. Mientras todos estaban en el frenesí de resolver las cosas, Robbie se encargó de animarnos y asegurarse de que estuviéramos cómodos, calientitos y bien cuidados.

Años después, mi contacto con Robbie sería en ruedas de prensa y giras publicitarias. Es entusiasta de los coches con un conocimiento abismal de la mecánica, los motores, los coches y aviones. Compartimos esta pasión, pero sobre todo anhelaba las giras publicitarias con él porque tenías garantizada la diversión y la risa.

• • •

Hay que aceptarlo: nunca nos esperamos que Neville Longbottom fuera el semental del show. Matthew Lewis, quien interpretó a Neville desde el inicio, era idéntico a su personaje en la primera película. Tenía las orejas, la cara y el acento adorable. Era Neville de pies a cabeza.

Pero había un problema. Cada año, cuando nos reuníamos a hacer la siguiente película Matthew llegaba un poco más galán, lo cual quería decir —que al menos por su aspecto físico— dejaba de parecerse un poquito a Neville. Por suerte, es muy buen actor, pero llegó un punto en las últimas películas en el que le tuvieron que poner una cuña detrás de las orejas, dientes falsos y un traje de gordo para que no se notara lo galán que se estaba poniendo. ¿Quién hubiera creído que Neville terminaría en calzones en la portada de la revista *Attitude*?

Matthew es un ejemplo extraordinario de todo lo positivo de Potter. Es un tipo encantador, centrado, humilde hasta decir basta. Su conocimiento e interés en toda clase de temas garantiza una conversación súper interesante, y por eso es una de mis personas favoritas para tomar una cerveza. Como yo, prefiere no ver las películas (a nadie le gusta escuchar su voz en una grabación, ¿no?), pero se ha convertido en un actor impresionante y tiene una seguridad discreta sobre sus propias capacidades. De todos los exalumnos de Potter con quienes me encuentro, Matthew es de los que más disfruto. Cualquier rivalidad Slytherin–Gryffindork ha quedado en el olvido.

• • •

Había algunos actores en el set que nunca reconocerías fuera de personaje, aunque eran leyendas absolutas. Solo que parecían hombres mayores un poquito desaliñados, y lo digo con todo el cariño del mundo. John Hurt, quien interpretó a Ollivander, era uno de ellos. Ahora soy fan absoluto de su trabajo, sobre todo de su actuación en *Expreso de medianoche*, pero en ese entonces no tenía idea de que era una leyenda. Con solo verlo no lo sabías.

También era el caso de David Bradley, quien interpretó a Filch. Era lo opuesto a su personaje: no había nada malévolo ni torpe en su persona. Si bien algunos actores exigen atención cuando están en el set, David siempre fue modesto. Se sentaba en una esquina, en silencio, era el modelo de la serenidad. Pero aprendí mucho de verlo transformarse en Filch de modo repulsivo, con esa expresión de odio y aversión. Siempre disfruté su actuación. Me quedaba claro que amaba su trabajo.

Un día estaba en el set cuando vi a otro hombre mayor un pelín desaliñado, llevaba un par de jeans desgastados y una playera.

Lo había visto una que otra vez y pensé que era del equipo de limpieza. ¿Qué puedo decir? Tenía ese look. Estábamos afuera del Gran Comedor y me pareció un gesto agradable elogiar su trabajo. Rechiné mis zapatos en el piso de concreto recién pulido, le levanté el pulgar y le dije: "¡Qué buen trabajo, amigo!". Volteó para ver si le hablaba a alguien a sus espaldas, me miró con extrañeza y no dijo nada.

Ese mismo día, me estaban peinando y el mismo tipo entró al departamento de peinado y maquillaje. Parecía estarle dando un tour a familiares y amigos. Un poco raro para alguien del equipo de limpieza, pensé. Tuve la sensación espantosa de que había metido la pata, así que cuando me fui le pregunté a alguien.

—¿Quién es?

—¿Quién?

—¡Él!

—Gary Oldman, por supuesto —se rieron.

Me morí de vergüenza cuando me di cuenta de que lo había confundido con el personal de limpieza. Quería disculparme —no creo que le hubiera importado—, pero al final opté por el camino más fácil, me hice el tonto y fingí que siempre había sabido quién era. En mi defensa, para una estrella de su reputación, no se portaba así para nada. Era modesto y centrado, era más probable que le preparara un té a cualquiera que leyera a su público con premeditación.

Así como Sirius se volvió una figura paterna para Harry, tenía la impresión de que Gary inspiraba a Daniel, ayudándole a navegar el complicado camino de crecer bajo los reflectores y, al mismo tiempo, pulir sus aptitudes actorales. Me parecía que compartían un sentido del humor muy similar y se dirigían al elenco y el equipo de forma parecida. Creo que a algunos —me incluyo— ese vínculo nos daba un poco de celos. Notábamos que, en parte gracias a la influencia de Gary, Dan estaba aprendiendo el oficio mucho mejor que el resto. ¿Qué mejor compañía en ese sentido que Gary Oldman?

•   •   •

Warwick Davis era otro de los pocos actores de Potter que reconocí al principio porque era fan de la película *Willow en la tierra del encanto* (hoy el nombre de mi labrador de cuatro años, obsesionado con las ardillas y pozo sin fondo). Estuvo en la primera película, en la que interpretó al profesor Flitwick, uno de varios papeles que tuvo en las películas. Con los niños siempre era encantador, pero discreto y muy divertido. Nos hicimos muy buenos amigos, y siempre admiré su método para desplazarse en el set. Por su altura, tardaba más tiempo que los demás en hacerlo, incluso que los niños. Así que llevó un Segway personalizado para moverse. Como estaba modificado a su altura, la etiqueta se leía "egway". Era todo un espectáculo, ver a Flitwick o Griphook pasar volando, saludar despreocupado y alegre: "¡Buenos días, amigos!". Pero sin duda, nos acostumbramos a ver cosas peculiares porque estábamos rodeados de los personajes y la parafernalia del mundo de los magos…

20.

LAS PALABRAS AMABLES DE DUMBLEDORE

o

UNA BOCANADA DE AIRE FRESCO

COMO TODO MUNDO SABE, TUVIMOS DOS DUMBLEDORES. SIR RICHARD lo interpretó en *La piedra filosofal* y *La cámara de los secretos*, y cuando lamentablemente falleció, *Sir* Michael Gambon asumió el papel.

En ese entonces, yo no tenía idea de lo legendario que era Richard Harris porque tenía poca interacción con él. Solo me dijo dos palabras. Entre tomas, me apartó de los demás afuera de la entrada del Gran Comedor, me miró con una mirada muy propia de Dumbledore y me dijo: "Eres bueno". Nada más. No creo que su intención haya sido confundirme o exagerar, y por supuesto que, entonces no me di cuenta de que me estaba elogiando uno de los grandes actores. ¿Yo *me* consideraba bueno? Por lo menos tenía la impresión de que no estaba haciendo lo mismo que los demás. Draco nunca quiere seguir a la manada. Si los alumnos están parados en un lugar, él se va a parar en *otro*. Cuando están desaliñados, él está impecable. Cuando tienen desabotonado el botón del cuello de la camisa, el suyo está abotonado (un rasgo que detestaba entonces porque ¿qué adolescente que se respete quiere llevar su uniforme impecable?). Así que, gracias al personaje, era fácil destacar.

¿Pero acaso era lo mismo que ser bueno? ¿Merecía esas palabras amables del Dumbledore original? La verdad es que estos temas son muy subjetivos. Todos sabíamos —Daniel, Emma y Rupert incluidos— que teníamos mucho que aprender. Sí, sabíamos que no debíamos ver directo a la cámara, cómo encontrar nuestras marcas, pero gracias a la calidad de los demás actores parecíamos medianamente decentes. Sin embargo, como cualquiera en cualquier profesión, tuve mis momentos buenos y otros que preferiría olvidar.

La arrogancia de Tom ayudó a darle vida a Draco en pantalla, y a veces no. En *La cámara de los secretos*, cuando Harry y Ron toman poción multijugos para transformarse en Crabbe y Goyle, siguen a Draco a la sala común de Slytherin. Harry olvida quitarse los lentes, lo cual resulta en un buen ejemplo del genio de Chris Columbus. Cuando Goyle le explica que lleva lentes porque ha estado leyendo, me pidieron improvisar y el resultado es uno de mis parlamentos favoritos de Draco. Después de la tercera toma, Columbus se veía muy emocionado, como si se le hubiera prendido el foco. Se hincó frente a mí súper emocionado y me susurró una puntada al oído. "Cuando dice que trae lentes porque ha estado leyendo, tú le contestas: 'No sabía que sabías leer'". Sonreímos y esa fue la toma que se quedó. Lo supe porque Chris se carcajeó después de gritar: "¡Corte!".

Por otra parte, la siguiente escena no fue mi mejor momento en el set. Los tres entramos a la sala común de Slytherin, Draco pone el ejemplo leyendo *El Profeta*. Ese día no me sabía mis parlamentos para nada y les costó varias horas de filmación. Recibí un regaño sustancial de David Heyman, e incluso llamaron a mi mamá para decirle que me tenía que aprender el libreto o iba a ver. Terminaron imprimiendo fragmentos del guion y los pegaron en el periódico para que los leyera en voz alta. Dudo mucho que hubiera impresionado a Richard Harris si hubiera estado presente ese día.

Conforme fui adquiriendo más experiencia, empecé a entender que la noción de ser "bueno" o "malo" en una escena tiene más matices de lo que se cree. Puedes actuar increíble, pero si no conectas con los otros actores en la escena, no estás haciendo un buen trabajo, así como pegarle a una pelota de tenis fuertísimo no resulta en un gran partido de tenis. No hay bueno o malo individual. Se trata de la actuación del grupo, del contexto, la interpretación y la opinión. Si Rupert hubiera interpretado a Draco y yo hubiera interpretado a Ron, ¿las películas habrían sido distintas, mejores o peores? Sí, a todas. Todos tendrán su opinión.

Así que recuerdo esas palabras amables del Dumbledore original con cariño, pero también me la tomo con un grano de sal. Buena parte de lo que exudaba en esas primeras películas era la arrogancia de un niño que se sentía cómodo frente a las cámaras. El elogio me cayó bien, pero lo mantuve en perspectiva.

• • •

Tuve mucha más relación con nuestro segundo Dumbledore que con nuestro primero. En la vida real, Richard Harris y Michael Gambon eran personajes muy distintos. Richard Harris me recordaba a mi abuelo de muchas maneras. Tenía una sabiduría cálida y modesta, muy apropiada para el papel que interpretó. Michael Gambon era más espectacular. Pudo haber interpretado a un viejo mago, pero era un niño de corazón. Era autocrítico, pero por su edad y reputación podía decir casi cualquier cosa y salirse con la suya, sin importar lo escandaloso que fuera. Le encantaban las anécdotas graciosas o los chistes breves e ingeniosos, y creo que se nota en su interpretación del personaje. En mi opinión, su actuación fue impresionante, sobre todo en *El misterio del príncipe*.

Era muy divertido. Una de las reglas fundamentales durante la filmación es que nunca podías llegar manejando solo al trabajo. Creo que por motivos del seguro, pero lo más importante, la gente de la producción sabía que la mitad del elenco llegaría tarde si no los esperaba un chofer en la puerta de sus casas a las seis treinta de la mañana, listo para llevarlos al trabajo. No es lo que quieres cuando estás intentando pastorear a 30 personas al set al mismo tiempo. Para toda regla hay una excepción y, en este caso, Michael Gambon era esa excepción. Le gustaban los coches. En algún punto tuvo un Audi R8 nuevecito, después un Ferrari. Llegaba manejando al trabajo y se estacionaba justo fuera de la Puerta 5, el lugar más inconveniente de todos. Me estaban tiñendo el pelo y escuchaba cómo aceleraba el motor afuera. Obviamente me paraba de un brinco para correr y checar el coche de Gambon con la cabeza cubierta de peróxido y envuelta en aluminio. A los niños nos dejaba subirnos y aunque estoy seguro de que con eso estaba rompiendo toda clase de reglas, ¿quién le iba a decir algo? A fin de cuentas, es Dumbledore.

A Gambon le gustaba hacerse el tonto. Con frecuencia fingía demencia: "Cariño, ¿qué escena estamos grabando? ¿En dónde estamos? ¿Qué personaje soy?", pero estoy seguro de que, en general, le gustaba hacer bromas. Hubo ocasiones en las que no se aprendió muy bien sus parlamentos, una vez tuvieron que imprimirlos en carteles enormes y levantarlos detrás de cámaras, lo cual me hizo sentir un poco mejor sobre mi propia deficiencia ocasional en ese rubro. Con esto no quiero decir que no lo tomaban en serio. Lo hacían, sobre todo yo cuando nos tocó filmar la que es, quizás, la escena más importante y memorable de Draco: arriba de la torre a la que le cae un rayo en *El misterio del príncipe*. Hubo varias escenas en esa película solo entre Draco y los adultos, y esta fue la más importante. Draco tiene a Dumbledore a punta de varita y está reuniendo el valor para obedecer la instrucción de Voldemort de matar al director.

No estaba nervioso de filmar esa escena, estaba emocionado, sabía que era mi momento. Estaba acostumbrado a ensayar con los otros niños, pero nunca me habían pedido ensayar solo. Eso cambió para esta escena y me fascinó. Buena parte de mi dirección previa se había limitado a: "Holgazanea en la esquina con mirada enojada" o "Mira la pelota de tenis e imagina que es un dragón". Se sentía bien por fin tener un momento importante en la película, una escena a la que le pudiera dedicar tiempo. Así que la ensayé bien y me aprendí mi parlamento de memoria.

Llegó el gran día. Por algún motivo, a pesar de la preparación, me seguía atorando con una línea en particular. Y es curioso, pero cuando caes en ese agujero, es difícil salir de él. Una vocecita te empieza a fastidiar en la cabeza. "Te *sabes* este parlamento. Estuviste despierto toda la noche recitándolo. ¿Por qué no te sale?". Y cuando esa vocecita empieza, no hay vuelta atrás, como carcajearse en el set. Hicimos tres o cuatro tomas, tal vez más, y en cada una, me equivocaba. Pidieron hacer una pausa y Gambon se sacó un cigarro de la barba como por arte de magia. Él y yo acostumbrábamos a salir al set que albergaba la Torre de Astronomía, para disfrutar de "una bocanada de aire fresco", como a él le gustaba llamarle. Había pintores, albañiles, carpinteros y chispas, y entre ellos, Dumbledore y yo echándonos un cigarro a escondidas. "¿Una bocanada de aire fresco, amigo?", me sugirió.

Salimos, Gambon en su túnica y el calcetín que llevaba en la barba (para mantenerla lisa, pero en parte por temor a que se le incendiara con el cigarro), y yo en traje negro. Lo prendimos, le dimos unas fumadas y después me disculpé. "Michael, lo siento mucho. Sí me sé mis líneas. No sé por qué me sigo equivocando. Estoy muy disperso".

Muy amable, descartó mi disculpa, pero yo estaba nervioso y me seguía disculpando. "En serio, no sé qué me pasa. No sé por qué no puedo decirlas". Así que sonrió y me dijo: "Querido, niño, ¿tienes idea de cuánto me pagan al día? A este ritmo, si la sigues cagando, para la próxima semana voy a tener un nuevo Ferrari". Me lo dijo impávido, sin señal de que estuviera bromeando: "Tú sigue haciendo lo que estás haciendo, hijo mío".

¿Acaso me lo dijo para tranquilizarme? No sé, pero sí sé que en ese instante me quité un enorme peso de encima. Regresamos al set y a partir de ese momento todo fluyó. Por segunda ocasión había recibido palabras amables de Dumbledore. El método de Michael Gambon para animar a un actor menos experimentado fue muy distinto del de Richard Harris, pero funcionó.

Nunca sabes, hasta que ves la película terminada, cuántas escenas de las que filmaste van a salir. A veces, casi ninguna. Fue satisfactorio ver *El misterio del príncipe* porque conservaron todo lo que filmé. Fue una buena sensación. ¿Había estado a la altura de aquel elogio de Richard Harris? Como ya saben, tengo mis reservas para afirmar que una actuación individual es buena porque hay muchos factores que contribuyen a ella. Sin duda, recibí muchos elogios, pero la verdad es que, aunque estuve satisfecho con el resultado, sentí que no los merecía. Buena parte de la efectividad de esa escena se deriva de cómo se filmó y su lugar en la historia. De factores fuera de mi control.

Entre el tiempo que nos llevó filmar *El misterio del príncipe* y que por fin la vi, cambié de dirección. Me había mudado de casa de mi mamá y vivía en mi propio departamento en Surrey, junto con mi adorado cachorro, Timber. Mi querido amigo Whitey se había mudado a mi antiguo departamento. Un día me llamó para avisarme que me había llegado una carta. Asumí que era una multa de tránsito, pero dijo que la había abierto por accidente. "Es de un tipo que se llama Jo".

—¿Un tipo que se llama Jo?

—Y tiene un búho en la primera página.

Me cayó el veinte.

—¿Qué dice? —exigí saberlo.

—No sé, no la he leído.

—¡Pues léela!

—Algo sobre un príncipe mestizo. —Sobra decir que Whitey no era fan.

—No la sueltes, voy a para allá.

Esa carta de Jo Rowling era el primer contacto que había tenido con ella en años. Estaba escrita en su hermoso papel bañado en oro, compartía lo satisfecha que estaba con la película y elogiaba mi actuación. Sobra decir que esa carta terminó enmarcada y la sigo conservando. Sin embargo, de no haber sido por la heterodoxa plática motivacional de Michael durante nuestra bocanada de aire fresco, podría haber resultado muy distinta.

21.

LOS LÓBULOS DE ALAN RICKMAN

o

¡NO ME PISEN LA P*NCHE CAPA!

Es la sexta película, *Harry Potter y el misterio del príncipe*, Snape acaba de matar a Dumbledore. Él, Draco, Bellatrix y una selección de mortífagos están pasando frente al Gran Comedor en su huida de Hogwarts. Se jugaban todo.

David Yates, el director, tiene una idea: una formación en V, Snape lidera, el resto dispersado detrás de él como pinos de bolos, o gansos, mientras salimos furiosos por el pasillo. Helena Bonham Carter tiene otra idea. Quiere pasar por encima de las mesas largas, pateando todo, gritando y riendo como maniática. Como de costumbre, es genial: Bellatrix da la impresión de estar completamente desquiciada. Pero nos cuesta trabajo que la escena salga bien para los demás. Hacemos un par de tomas, mientras avanzamos deprisa por el Gran Comedor, el equipo de camarógrafos camina hacia atrás frente a nosotros. Pero no sale. Alan Rickman está bien enfocado, pero el resto, un poco borrosos. El problema es que vamos muy atrás. David Yates nos indica que necesitamos acercarnos a Alan.

Desde el principio, Alan Rickman tuvo algunas sugerencias sobre el vestuario de Snape. Creía que debía usar túnicas muy largas y fluidas. Debían incluir una capa larga que arrastraba en el piso detrás suyo mientras caminaba, como la cola de un vestido de novia. Cuando David nos dio esta nueva indicación, Alan volteó a vernos antes de empezar a grabar. Entrecerró los ojos. Apretó los labios. Levantó ligeramente una ceja. Al recibir toda la fuerza de esa mirada tan propia de Snape, a cualquier alumno de Hogwarts le hubieran temblado las piernas como gelatina. Y no voy a mentir, incluso los actores pasamos un momento incómodo mientras esperábamos que dijera algo. Habló como Snape, cada palabra clara, llena de significado y enfatizada por una pausa eterna, agonizante.

—*No*…

Silencio. Nos vimos de reojo. Nos preguntamos, *¿no, qué?*

—*Me pisen*…

Nos miramos los pies. Volvimos a levantar la vista para ver a Alan.

—*La… pinche*…

Parpadeamos. Volvimos a parpadear.

—*Capa*.

Nos reímos nerviosos, pero Alan no se estaba riendo. Nos fulminó con la mirada, después se dio la vuelta, la capa se infló como si fuera un murciélago. Liberados de su mirada, los mortífagos nos miramos y uno de nosotros gesticuló: "¿Es en serio?". Sí, *completamente* en serio. Bajo ningún concepto, debíamos pisarle la pinche capa.

Vamos por otra toma, más apiñados. ¿Y quién está caminando justo detrás de Snape? Draco, por supuesto, y sus pies estarán a unos centímetros del borde de la capa que arrastra mientras atraviesan con prisa el Gran Comedor. El director nos da instrucciones: "¡Levanten la barbilla! ¡No miren al piso! ¡Necesitamos verles las caras!".

Lo cual quiere decir que no puedo ver el borde de la capa de Alan. Así que mientras nos preparamos para la toma, hablo en serio conmigo mismo: "No pises la capa. *No pises la capa. No pises la capa…*".

—¡Acción!

Alan avanza. Los demás lo seguimos.

Un paso…

Dos pasos…

Tres pasos…

Ahora bien, la capa de Alan le colgaba de los hombros gracias a un nudo que le rodeaba el cuello. Cuando, inevitablemente, le pisé el dobladillo de la capa, apenas habíamos llegado al centro del Gran Comedor. Le jalé la cabeza hacia atrás. Durante un momento aterrador, pensé que iba a perder el equilibrio. Su grito entrecortado resonó en todo el set.

—¡*Aaaagh*!

—¡Corte!

Silencio.

Con cuidado quité el pie de la orilla de su capa. Alan volteó. Despacio. Le mostré mi sonrisa más arrepentida.

—Lo siento, Alan —dije con voz aguda.

Alan no dijo nada.

—No… no fue mi intención —tartamudeé.

Alan no dijo nada. Me dio la espalda. "*Mierda, se enojó en serio*", pensé.

Un miembro del equipo gritó.

—¡Se repite!

Tímidos, regresamos a nuestros lugares. Volví a hablar en serio conmigo mismo. "*Felton, con un carajo. No pises la capa. No pises la capa. No pises la…*".

—¡Acción!

Esta vez, tengan por seguro que estaba dando pasos diminutos detrás de Alan mientras la escolta de mortífagos intentaba retomar su procesión. Di un pasitito…

Dos pasititos…

Tres pasititos…

—¡AAAGH!

Esta vez fue peor. Todo el cuerpo de Alan se sacudió hacia atrás y movió los brazos frenético para mantener el equilibrio.

—¡CORTE!

Aterrado, miré mis pies. No pude haberle pisado la capa *otra vez*. Para mi alivio absoluto, no había sido yo, sino uno de mis colegas. Y Alan estaba fúrico.

—Con una chingada…

Anunció.

—¡No!…

Declaró.

—¡Voy!… ¡A hacerlo!… ¡Otra vez!

Después de negociar con el director, Alan accedió a intentarlo una última vez. Los mortífagos y yo nos miramos en pánico, pero por fortuna, en la tercera toma, nadie le piso la pinche capa. Sin embargo, si creen que en esa escena Snape parece que lo están ahorcando, ya saben por qué.

• • •

En la siguiente escena, Snape y los mortífagos escapan a la propiedad en torno al castillo. Incendian la choza de Hagrid. Harry y Snape pelean y Snape revela que él es el Príncipe Mestizo.

Habían construido un set exterior en Leavesden: una colina enorme, como una cancha de futbol en una pendiente. Filmamos de noche. Helena estaba en el fondo haciendo locuras, bailando como demente y tomando expresos toda la noche. Alan y yo estábamos sentados en el centro del campo, esperando a que llegara Daniel.

Hay un momento cuando estás preparando una escena que, a veces, puede ser incómodo. El equipo estaba montando todo y ponían a los actores en lugares particulares, los actores tenían que mirarse para que pudieran iluminar la escena. Y después, entre tomas, mientras el equipo revisa lo que capturaron, es lo mismo: te quedas parado inútilmente, esperando con paciencia para volver a empezar. No siempre es comodísimo mirar a los ojos a una persona que no conoces tan bien. Yo suelo recurrir al truco del lóbulo: me le quedo viendo al lóbulo de la oreja de mi colega, no a los ojos, y de algún modo, reduce la incomodidad y guardo la mirada real para cuando las cámaras estén grabando.

Esa noche, me encontré mirando los lóbulos de Alan Rickman. Habíamos hecho una toma y esperábamos que el director la revisara. Se me estaba haciendo eterno y Alan y yo estábamos presos en un silencio incómodo, largo. Por lo menos fue incómodo para mí. Siempre tuve la impresión de que al propio Alan nunca le incomodaba el silencio. De hecho, lo prefería. Y aunque para ese entonces ya había pasado años en el set con él, el hombre todavía me intimidaba. No había ayudado que le pisara la pinche capa.

Sin embargo, de pie en la fría noche, sentí una necesidad imperiosa, y muy británica, de llenar el silencio. No tendría por qué haber sido para tanto, pero lo fue. Al final, reuní el valor para decir: "¿Cómo estás, Alan? ¿Todo bien? ¿Te sientes bien?".

Transcurrieron cinco largos segundos, en silencio. Diez segundos todavía más largos, en silencio. Me empecé a preguntar si me había escuchado. ¿Debía repetir mi pregunta? Pero entonces volteó la cabeza muy despacio y me vio con esa mirada tan propia de Snape. Me aguanté la respiración, me pregunté si de algún

modo lo había ofendido. Se escuchaban los alaridos de Helena en el fondo. El viento soplaba. Hacía frío, estábamos cansados, y no nos podíamos mover del lugar en donde llevábamos por lo menos tres horas parados.

Esta no era una alfombra roja de Hollywood.

Muy despacio, con mucha claridad, Alan dijo: "No... *doy más*". Después volteó la cabeza. Pero a medida que volteaba, vi que se le dibujó una sonrisa en los labios. Y en ese momento me di cuenta de que, lejos de ser la figura aterradora que siempre asumí que debía ser, Alan era un hombre con un sentido del humor mordaz, brillante. No necesitaba sentirme intimidado. Al contrario, debía disfrutar el tiempo que convivía con este hombre inteligente, agudo e interesante.

• • •

Cuando empezaba la filmación, te daban tu silla con el nombre de tu personaje en el respaldo de tela. Estas sillas nos acompañaban en la duración del rodaje.

Un día, Alan Rickman estaba sentado con Helena Bonham Carter, Helen McCrory, Jason Isaacs y Michael Gambon. Incluso para estándares de Harry Potter, es un impresionante grupo de pesos pesados. Es la crema y nata del cine británico. Estaban sentados en sus cómodas sillas de director. A mí me tocó una silla plegable más pequeña, porque cuando empecé las películas, en las sillas más altas nunca hubiera tocado el piso con los pies. Casi al instante, Alan se puso de pie, se acercó a uno de los asistentes de dirección, me señaló y exigió que me diera una silla de director en regla, para que pudiera estar a la misma altura que los demás. Al principio, me pregunté si se trataba de un chiste, pero enseguida quedó claro que estaba hablando en serio. "Alan, amigo, no pasa nada. Estoy bien sentado en mi silla más baja", dije. No aceptó una respuesta negativa. No hizo un escándalo, no fue maleducado, pero insistió con toda calma que me trajeran una silla a la misma altura que los demás.

Fue un detalle, pero jamás olvidaré ese momento de bondad. Alan quería que trataran a un miembro más joven del elenco igual que a todas esas estrellas. No tenía que hacerlo, pero haberlo hecho revela mucho del hombre que era.

• • •

Seguido recuerdo ese momento con la silla de director, sobre todo ahora que Alan ha fallecido. Y no solo Alan, desde luego. Richard Harris, John Hurt, Helen McCrory… la lista de actores de las películas de Harry Potter que ya no están con nosotros sigue creciendo. Cuando pienso en su fallecimiento, me encuentro en un purgatorio porque hasta ahora que soy adulto he empezado a comprender el efecto que tuvieron en mí, y el ejemplo genial que fueron para mí.

Apenas percibimos el paso del tiempo. Hay momentos en los que sigo pensando que soy el niño que se roba el DVD de HMV. Después me doy cuenta de que para nada. Conozco a fans que están más cerca de ser nonatos que de mi edad. De hecho, la mayoría de los fans que se me acercan ni siquiera habían nacido cuando hicimos las primeras películas. Ahora me encuentro en sets en donde ya no soy uno de los niños traviesos, soy el veterano. Y es en esos momentos, cuando es importante que me conduzca bien, que me doy cuenta de la influencia positiva que fueron esos actores con quienes crecí y que fueron mis antecesores. Caigo en cuenta de que, nuevamente, la vida ha reflejado el arte. En las películas de Harry Potter interpretamos a magos jóvenes

e inexpertos que iban a la escuela para aprender de magos genia-
les, y nos contagiaron parte de su genialidad, para que siete años
después, nos graduáramos como adultos medianamente decentes.
Así fue en la vida real. Los realizadores eligieron a un grupo de
niños actores, en bruto, inexpertos y, para ser honesto, sin mucha
idea de qué estaban haciendo. Pero si los dejas convivir con la
crema y nata del cine británico unos años, van a terminar aprendiendo una que otra cosa.

Y lo hicimos, pero no sin torpeza. Nadie me apartó para
decirme en privado: "Hijo, así te tienes que comportar en un set
de filmación". En la misma medida, aprendí de lo que estas personas *no* hicieron como de lo que sí. No exigieron trato especial.
No levantaron la voz ni hicieron escándalos. Mucho después en
mi carrera aprendí que esta no siempre es la costumbre. He estado
en sets de filmación, sobre todo en Estados Unidos, en donde un
actor llega una hora tarde a propósito para establecer su poder o
por puro descuido. O en los que él o ella grita: "¡Corte!" en medio
de una escena cuando claramente no le corresponde hacerlo. Es
lo contrario a la autoridad británica serena, educada y preparada
que mis mentores mostraron. Siempre me sorprende cuando la
gente comenta sobre mi comportamiento en el set, que siquiera
se considere aceptable no mostrar el respeto básico por las personas en mi entorno. Es lo que aprendimos de personas como
Alan. Creo que son una de las principales razones por las que los
niños no terminamos siendo unos idiotas. Crecimos viendo cómo
trataban a todos en el set con generosidad, paciencia y respeto.
Alan tenía la costumbre de hacerle el té a todos. Nos hablaba a los
niños —y aún más importante, a todos los miembros del equipo,
desde el equipo de camarógrafos hasta al departamento de catering— igual que les hablaba a sus contemporáneos. Cuando
hacía notar su presencia —como cuando le pisábamos la pinche

capa—, siempre lo hacía con un guiño sutil. A veces podía ser difícil percibirlo, pero siempre lo hacía.

Ahora que soy mayor, desearía poder agradecer a esos actores que han fallecido todo lo que hicieron por nosotros. A partir de su ejemplo, nos mantuvieron humildes y con un buen humor, y siempre se los agradeceré.

22.

EL INDESEABLE NO. 1 (TERCERA PARTE)

O

EL MEJOR/PEOR CHAPERÓN DEL MUNDO

SI ERES UN NIÑO EN EL SET, NECESITAS UN CHAPERÓN. LO DICE LA LEY. Y tiene sentido. No es fácil estar al tanto de quién hace qué cuando tienes a cientos de niños merodeando por todas partes. La presencia de un chaperón te garantiza que estés seguro y que obedezcas las normas que dictan qué puede y qué no puede hacer un niño actor durante un día de grabación, la principal de ellas, llevar el tiempo. Debe asegurarse de que nunca estés más de tres horas seguidas en el set y que se respete tu cuota diaria de tutorías. Después debe supervisar que comas bien y que no te metas en problemas. En ese entonces, algunas de estas reglas me parecían ridículas. Incluso te debían acompañar al baño, para saber si estabas haciendo tus necesidades y cuándo.

Algunos de nosotros, entre ellos Emma y Rupert, teníamos chaperones profesionales. Era su trabajo, eran rigurosos para cumplir las reglas y para resolver procedimientos complejos y cumplir sus objetivos. Los chaperones de algunos niños eran sus familiares. En mi caso, mi generoso abuelo me cuidó (y me enseñó a sonreír con suficiencia), también mi ma, quien de todas formas estaba acostumbrada a acompañarme a sets de filmación.

Y cuando nadie más podía hacerlo en *El prisionero de Azkaban*, cuando estábamos desesperados, lo hizo mi hermano Chris. Desde el punto de vista de un niño, era el mejor chaperón que pude haber tenido. También, desde un punto de vista objetivo, fue con los ojos cerrados, el peor chaperón en la historia del cine.

Ya les he contado de nuestro hábito de pasar toda la noche pescando antes de ir al set y fingir que estaba fresco y listo después de haber dormido ocho horas. En esas sesiones nocturnas, Chris me enseñó otras cosas además de pescar carpas. También me enseñó, a mis catorce, a armar porros. Como era de esperarse, dentro de poco me gradué de preparar porros a compartirlos. Como creo que ya mencioné, tener tres hermanos mayores implicaba que adoptara ciertas actividades más pequeño que algunos.

Para cuando Chris fue mi chaperón, me había mudado de un vestidor a una casa rodante independiente en el estacionamiento, afuera de la Puerta 5. Mientras yo iba a peinado y maquillaje, él se atascaba en la cafetería y después se echaba a dormir todo el día. En esas ocasiones, nunca lo veía. Regresaba al cámper después de un arduo día de filmación y Chris se estaba estirando y bostezando, contemplando si pararse. Se zampaba una taza de té, unos cigarros y repetía.

Un chaperón profesional, meticuloso, estaría parado a mi lado con un cronómetro, asegurándose de que su encargo no excediera su tiempo en el set o que el tiempo que se le dedicaba a su educación no fuera escaso en los salones de tutorías. Un chaperón profesional, meticuloso, acompañaría a su encargo del set a las clases lo más rápido posible. Chris no. Cuando no se estaba echando una pestañita en el cámper, paseábamos tranquilamente del set a las tutorías, tomábamos la ruta más indirecta que atravesara los estudios, tal vez nos deteníamos en las cocinas por una

Coca o un chocolate. ("Atáscate, amigo, bebe las madres que quieras") y nos tomábamos unos minutos para una última "bocanada de aire fresco" detrás del Gran Comedor.

El chaperón es el maestro o maestra de los viáticos. Se trata de un pago en efectivo que se le da a cada actor, chaperón y miembro del equipo una vez a la semana para cubrir sus gastos de vida diarios mientras estábamos filmando en locación. Los viáticos equivalían a unas 30 libras al día, y el chaperón debía administrarlos, gastarlos en comida, lavandería y llamadas a casa. Por supuesto, sería una locura entregárselos directamente a los niños, ¿no?

Chris no opinaba lo mismo. Como el cool hermano mayor, no tenía problema en soltar la lana. Claro, también se rebajaba a retenerla como jugada de poder — "¡Haz lo que te digo o te quito los viáticos, larva!"— pero en general, el dinero terminaba en mi bolsillo. Y dado que yo podía sobrevivir a base de Peperami y una bolsa de McCoys, y dado que no tenía ganas de gastarme billetes nuevecitos de 20 libras en algo tan mundano como ropa limpia, usaba mis viáticos en llantas para mi patineta o los juegos para computadora más recientes. (Chris también usó sus viáticos en cosas que los productores no esperaban ni pensaban: ese era su dinero para comprar mariguana, y eso hizo que siguiera frecuentando el mundo de magi-guana).

Chris tampoco se negaba a "adquirir" el recuerdo ocasional del set. No estoy sugiriendo que fue completamente gracias a él que en las últimas tres películas instauraron revisiones de los coches de cualquiera que salía de los estudios. Tampoco estoy sugiriendo que tuvieron que contratar a toda una fuerza de seguridad en virtud de sus dedos largos. Había mucha gente que frecuentaba Leavesden que se hacía de un puñado de galeones o una corbata de Hogwarts, pero en cuanto a infractores se refiere, Chris era *el* señor. Varios *dummies* de *Magical Me* de Gilderoy Lockhart aparecieron como por arte de magia dentro de su bolsa. Pero que quede claro que no era, para nada, el desalmado criminal que parece. Las pocas cosas que se llevó terminaron subastadas, ya sea para beneficencias locales o para causas que le interesaban. En una ocasión, le ofrecieron una cifra sustanciosa de dinero por tomar fotografías secretas en el set para filtrarlas antes de que se estrenara la siguiente película. Desde luego, se negó (por lo menos eso me dijo).

Así que el peor chaperón del mundo también fue el mejor. Me trataba como adulto cuando seguía siendo un adolescente con acné. Y sin duda era uno de los tipos más populares en el set. A todos les caía bien y creo que la experiencia fue buena para él. Cuando empezó a acompañarme, era muy reservado e incluso podía parecer un poco agresivo, por su cabeza rapada y dos arracadas de oro. Todos en el set lo recibieron con los brazos abiertos y eso lo suavizó un poquito. Siempre había sido un poco frío y desdeñoso de la actuación —a diferencia de Jink—, pero la convivencia con la familia Potter ayudó, me atrevo a decir, a sacar a relucir su lado más sensible. Ternura.

• • •

Además del rap gánster explícito y pescar carpas, Chris y yo estábamos enamorados de los coches, de todos los tamaños. Hojeábamos las páginas de *Auto Trader* y salivábamos con nuestras posibles adquisiciones. Estábamos obsesionados con los BMW, sobre todo los negros. No importaba que entonces estuviera demasiado pequeño para manejar, Chris tenía licencia y yo había heredado su fascinación por los coches, así como también compartía tantos de sus intereses. Total que cuando salió a la venta un BMW 328i negro cerca de la casa, y resultó que tenía suficiente dinero en mi cuenta para comprárselo a mi hermano, no dudé ni un segundo de que sería una buena forma de emplear mis ganancias. Tomamos un taxi a casa del tipo y le entregamos una bolsa reutilizable de Tesco llena de billetes usados. Sobra decir que se notaba un poco sospechoso. Nos sentamos una eternidad viéndolo contar los billetes, contrastó cada uno a contraluz mientras nos obligamos a aparentar calma, como si este fuera asunto de todos los días. Cuando el tipo estuvo satisfecho con su lana, Chris tomó las llaves y se puso frente al volante, yo en el asiento del copiloto. Con absoluto control manejó despacio unos 182 metros y dio vuelta en la esquina, fuera de la vista del dueño anterior. Frenó el vehículo. Puso el freno de mano. Volteó a verme. Era difícil leer su expresión. Me agarró la cabeza con las dos manos, me besó la frente y gritó con un placer desenfrenado. Juro que le vi una lágrima: "¡Gracias!", dijo varias veces. "¡Gracias, gracias, gracias!". Los dos gritamos victoriosos, como si hubiéramos dado un golpe magnífico, complejo. Me faltaban años para poder manejar, pero estaba igual de obsesionado con ese BMW que Chris. Las llantas. El sonido del motor cuando aceleraba. La aceleración épica. En muchos sentidos no era diferente de un adolescente promedio con el póster obligado de un Ferrari en su cuarto. La única diferencia fue que, en este caso, tenía los medios para hacer realidad el sueño de Chris y el mío.

• • •

Ya captaron que, de vez en cuando, la influencia del mejor/peor chaperón del mundo me llevó a expresar mi lado más rebelde. Chris me presentó la mariguana, el fruto prohibido, y además la mencionaban en todas las canciones de rap que escuchaba. Así que tal vez no fue una sorpresa total que me haya apropiado de su introducción a la lechuga del diablo y la haya hecho mía. Y creo que ocasionó el momento más idiota de mi adolescencia.

La escena fue un campo descuidado detrás del ayuntamiento de Bookham, en Surrey, en donde vivía con mi mamá. Esto fue después de que mis papás se divorciaron y yo estaba pasando por una fase de típico adolescente. Estábamos cuatro amigos sentados en un círculo en el pasto. Yo traía puesta mi valiosísima sudadera roja de Wu-Tang y estábamos pasando un porro. A nuestro alrededor estaba regada la parafernalia para armar porros: tabaco, papel para liar, un encendedor y un octavo de hash. Y en el aire flotaba el aroma inconfundible, húmedo, de la hierba.

Con el porro en mis manos levanté la vista y, a menos de cien metros de distancia, vi a dos policías. Un hombre y una mujer. Caminaban en nuestra dirección con paso resuelto.

Mierda.

Uno de mis hermanos —no revelaré cuál— me había dado un consejo para ocasiones como esta. "Bro, acuérdate, si no la *tienes*, no te pueden *hacer* nada". Debían demostrar, según mis abogados, que eras culpable de posesión. Si no tenías el hash en el bolsillo, me aseguró, estabas seguro. Con ese consejo en mente y la policía a menos de 50 metros de distancia, me paré, resplandeciente en mi sudadera roja, reuní toda la parafernalia en los brazos y traté de aventarla, junto con el porro, a un arbusto cercano. Hice todo esto a la vista de los oficiales que seguían acercándose; regresé con mis amigos y me senté.

Llegó la policía. Bajaron la mirada. Levantamos la mirada con absoluta inocencia. El hedor a mota puso en evidencia qué estábamos haciendo.

EXTERIOR. UN CAMPO COMUNITARIO EN ALGÚN LUGAR DE
SURREY. DÍA.

POLICÍA

¿Qué hacen?

TOM

(*Lleno de agresividad*)

Nada.

POLICÍA

Claro que sí. Te acabamos de ver poniendo algo
en ese matorral.

TOM

No, no es cierto.

POLICÍA

(*Con paciencia*)

Sí, claro que sí.

TOM

No, amigo, no era yo.

(*Se hace un silencio largo, oneroso. Los
oficiales levantan las cejas, no les impresionan
estos chicos arrogantes y su risible estrategia
legal. Y con el transcurso de cada segundo, los
chicos arrogantes se van notando cada vez más
inseguros. Hasta que al fin...*)

POLICÍA

Hijo, ¿de verdad quieres ir por ese camino?

TOM

(*Derrumbándose, se le agota la
agresividad*)

Lo siento. No. Mire, lo siento mucho, ¿sí? Lo
siento mucho. Por favor. Lo siento mucho...

Me hicieron regresar al arbusto y recuperar las cosas que incluían el porro a medio fumar, todavía prendido. Como era de esperarse, me arrestaron por el equivalente a cinco libras de mota. No era el crimen del siglo. Los oficiales no habían atrapado a un cártel del narcotráfico internacional. Creo que, en cualquier otra ocasión, nos hubieran regañado y nos habrían mandado a casa. Pero la oficial estaba en entrenamiento y su compañero le estaba enseñando a hacer las cosas según el procedimiento. Así que me subieron a la parte trasera de una patrulla y azotaron las puertas.

Me agarraron con las manos en la masa, pero este roce con la ley pudo haber sido mucho peor. Estoy seguro de que Warner Brothers tenía cierta influencia para suprimir historias sobre su elenco cuando los cachaban en situaciones comprometedoras. Pero hubiera sido difícil suprimir la del arresto de Draco por ser un pacheco. Sentado en la patrulla, eso no me preocupaba, para nada. No me preocupaba nada porque estaba pachequísimo. Hasta que me cayó el veinte. Igual que cuando me agarraron del cuello en HMV, había una cosa que podía empeorar mucho este episodio lamentable. *Por favor*, pensé, *no le llamen a mi mamá*.

Le llamaron a mi mamá.

No hay nada peor que ver la mirada de decepción de tu mamá, sobre todo si está llena de lágrimas. Nos sentamos en una salita de interrogación en la estación de la policía. Entró un policía uniformado y me interrogó muy a lo *Line of Duty*, después procedió a darme la cagotiza de mi vida. Estoy seguro de que querían asustarme para que no lo volviera a hacer, pero en cuanto procesé la humillación de la decepción de mi madre, me pregunté si me habían reconocido. Si así fue, fueron lo suficientemente profesionales para no mencionarlo. Si no, fue un alivio, y no era la primera vez, no tener el mismo perfil que Daniel, Emma y Rupert. Me mandaron a mi casa, una vez más con la cola entre las patas, sintiéndome como tonto. Por suerte, Warner Brothers nunca se enteró de mi aventura (o por lo menos nunca me dijeron nada). Mis días como Draco no habían terminado.

23.

EL ESTILO
MALFOY

o

UN ABRAZO
DE VOLDY

YA LES PRESENTÉ A MI FAMILIA *MUGGLE*. PERO UNA DE LAS GRANDES ventajas de ser Draco es que tenía una segunda familia: la de magos y mortífagos. En la historia, claro, ninguna es más tóxica que la familia Malfoy. Para entender a Draco, deben entender que creció con un papá agresivo. Nunca tuvo oportunidad de ser distinto del personaje desagradable que es porque nunca conoció otra cosa. Pero en la vida real, lejos de la historia y las cámaras, mi familia Malfoy se volvió casi tan cercana como mi familia *muggle*. Por algo todavía le digo papá a Jason Isaacs, quien interpretó a Lucius.

Cuando conocí a Jason me estaba cagando. Chris y yo lo habíamos visto en *El patriota* y disfrutamos lo maléficamente malvado de su personaje. Nuestra primera escena era afuera de Borgin y Burkes, la tienda de artes oscuras en el callejón Diagon. Estábamos filmando la segunda película, *La cámara de los secretos*, y recuerdo bien que este hombre encantador y dulce extendió la mano para presentarse como mi padre. Aunque estaba vestido de Lucius Malfoy no exudaba la amenaza de Lucius. De inmediato me arropó, se presentó con el elenco y el equipo conmigo a su lado, y me hizo sentir muy cómodo. Me ofreció prepararme un té y ensayar nuestros parlamentos. Empezó a contar una anécdota que tenía a la gente carcajeándose desde el principio. Y yo disfrutaba la gloria que me contagiaba su narración cuando escuché: "¡Silencio en el set!". Sabía qué significaba, pero Jason siguió contando su historia.

—¡Cámaras! —Tomé aire. Jason seguía en lo suyo.

—¡Y… acción!

A punto de rematar con algo gracioso, volteó a verme como si me odiara, de forma casi amorosa. Jason ya no estaba. Este era Lucius…

Era muy desconcertante ver que una persona cambiaba su carácter de forma tan repentina y rotunda. Yo no tenía que actuar para parecer aterrado. Tal vez lo hacía así a propósito, tal vez no. De todas formas, funcionaba. Parte del vestuario de Lucius era un bastón negro con dos colmillos en la punta. Fue idea de Jason que este bastón ocultara su varita. Cuando se lo sugirió a Chris Columbus, a Chris no le entusiasmó, pero Jasón insistió: "¡Creo que sería una idea súper cool!". A lo que Columbus respondió: "La gente de comercial te va a amar…". Los colmillos en la punta de ese bastón estaban mucho más afilados de lo que creíamos. Durante esa primera escena me pegó con ellos en la mano. Me aguanté las lágrimas, logré ignorar el dolor físico y mantenerme en personaje hasta el final de la escena, mientras Jason me veía como si fuera una mierda. Después escuchamos "¡corte!". Lucius Malfoy desapareció y Jason regresó, muy preocupado y disculpándose. Su expresión de desagrado "¡Draco, no toques eso!" cambió por "Querido, ¿te lastimé? ¿Estás bien?", muy conmovedor. Como si hubiera apagado un interruptor.

Incluso ahora me dan escalofríos cuando recuerdo las transformaciones de Jason. Cuando era Lucius, nunca sabía qué esperar. ¿Desde qué ángulo me iba a golpear esta vez? ¿Cómo dirigiría su amenaza? Desde el punto de vista actoral era un don. Su actuación explicaba a Draco. Verlo tratarme así me daba licencia para tratar a todos de manera similar porque me ayudó a entender que la historia de Draco tenía dos ángulos: era un bravucón, por supuesto, pero en el fondo era un niño a quien su papá le aterraba.

Con el tiempo aprendí que la capacidad de Jason para prender o apagar el interruptor era única. Muchos actores adultos con los que trabajé tenían rutinas cortas o ejercicios vocales para entrar y salir de su personaje, mientras que parecía que Jason tenía la capacidad de convertirse en Lucius con el tronar de los dedos. Nunca conocí a nadie que pareciera igual de cómodo en un set de filmación como él. Parecía que había nacido en un set. Platicaba con todos, incluía a todos y siempre estaba contando anécdotas de manera perfecta. Y cuando se escuchaba el llamado de "¡Silencio en el set!", y todos empezaban a preparase para grabar, ten por seguro que Jason seguía platicando porque sabe que en cuanto escuche "¡Acción!", puede entrar a su personaje sin pensarlo. Es impresionante, casi escalofriante.

Desde el primer día, Jason me trató como a uno de sus contemporáneos, un igual, alguien con quien disfrutaba platicar. (Para saber si era verdad o no tendrían que preguntarle). De niño me cuidaba en el set. Y a medida que me fui haciendo mayor, se empezó a interesar en mi vida, mis pasiones, mi música, mis hábitos, buenos o malos, y mi carrera. Nunca fue sentencioso. Era el primer adulto al que conocí que hablaba abiertamente de cómo era crecer en la industria, los altibajos y los puntos medios. Me aconsejó sobre cómo prepararme para el futuro. Me dijo que yo era un buen actor y que no debía desaprovechar las oportunidades. Su ánimo me tomó un poco por sorpresa, pero fue satisfactorio tener ese apoyo y reconfortante tener a alguien a mi lado que era tan generoso con su tiempo y energía. Si durante mi carrera puedo ser la mitad de solidario y estar presente como él en el set, consideraré que en cada proyecto hice un buen trabajo.

¿Ya adulé a Jason lo suficiente? Bien. Porque además de disfrutar de nuestra compañía también nos jodíamos mucho, y no puedo dejar que se escape solo con puros elogios. Me crio mejor. Digamos que Jason no está exento de las manías tradicionales de un actor. No era para nada tímido ni reservado. Y en ocasiones era natural que, rodeados de personalidades actorales tan fuertes, tenías que esmerarte por hacer notar tu presencia.

Una de esas ocasiones ocurrió cuando filmábamos la escena inicial de la última película, en donde Voldemort encabeza la mesa en la Mansión Malfoy, acompañado de sus mortífagos, mientras Charity Burbage está suspendida en el aire, a punto de ser asesinada. Para mí, fue una escena muy importante. Era el único niño rodeado de tantos actores tan reputados y experimentados. Un niño de "Make A Wish" había visitado el set con su familia antes de que filmáramos, y con mucha emoción le pasó a Jason su copia del libro para que la firmara. Jason abrió el libro en la escena que íbamos a filmar y descubrió que, en el original, Lucius tenía mucho más diálogo del que tenía en el guion. Jason no era modesto cuando de su talento se trataba. Frunció el ceño. "¡Maldita sea! ¿Digo esto en el libro?", le llevó la copia del niño a David Yates, el director. "¡Aquí digo este parlamento! Creo que sería maravilloso que lo dijera, ¿no te parece?".

David no estaba seguro de si estaba bromeando. Yo todavía no sé si estaba bromeando. En todo caso, David adoptó una expresión de paciencia infinita. No era la primera vez que Jason intentaba adaptar el guion para tener un poquito más de tiempo en pantalla. David adoptó un tono de gratitud atenta. "Gracias,

Jason. De verdad, muchas gracias. Es una idea maravillosa. ¿Pero tal vez podríamos grabarla como está en el guion?". Jason, alicaído, muy consciente de que había sido una negativa cortés, le regresó el libro al niño, quien debió haber pensado que le habían arrebatado su valiosa copia al más puro estilo Malfoy.

Fuera de broma, Jason se convirtió en todo un modelo a seguir. Sí, admiraba sus habilidades actorales, pero también su clara devoción a su familia en la vida real y estaba agradecido por la amistad que me ofreció. Desde que Potter terminó he hablado más con él que con cualquier otra persona de las películas. Es una meta personal seguir sus pasos, pero no se atrevan a decírselo.

• • •

Si Jason me hacía sentir cómodo en el set, con otro actor me pasaba lo contrario. No importaba con cuántos actores legendarios hubiera trabajado, nadie tenía la presencia de Ralph Fiennes. No me refiero a que fuera igual de aterrador que el propio Voldemort, siempre tenía la cara cubierta de puntos verdes para que las personas de efectos visuales pudieran quitarle la nariz (spoiler: en la vida real sí tiene nariz). No voy a mentir, era gracioso ver a Voldemort sentado en su silla con bata verde, una taza de té en una mano y periódico en la otra. Pero mientras filmábamos, su presencia era preponderante. No era como los niños a quienes Carreras gobernaba con su silbato. No era Jason, con sus anécdotas eufóricas. Tampoco era Robbie Coltrane, jugando y divirtiéndose con los niños, como Hagrid. Tenía una otredad que lo distinguía de todos los demás en el set.

Fui receptor de los métodos idiosincrásicos de Ralph cuando filmamos la última escena de la Batalla de Hogwarts. Pasamos semanas bloqueando la cámara sin filmar un solo momento, todos con sus respectivos vestuarios. Nunca había pasado tanto tiempo en un mismo set. Era una escena tan importante que querían filmarla de todas las maneras posibles para darle a las ocho películas el clímax que merecían. Por eso hubo varias escenas que no salieron en la versión final, incluido un momento en el que Draco le lanza a Harry su varita para el duelo final con Voldemort. ¡Imagínense! Por ahí hay un rollo de película en el que Draco es el héroe, pero nadie lo verá nunca. Sin embargo, el momento culminante era acercarme a Voldemort, ante la insistencia de mi padre. Debí haber grabado esa caminata 30 o 40 veces. Hicimos lo mismo en varias tomas: pasar frente a Voldemort, mantener la distancia, caminar despacio, con la cabeza agachada, un poco aterrado. A veces él sonreía. A veces no. A veces interrumpía su monólogo para decirme que regresara. Era confuso, ¿cortábamos o seguíamos filmando? De vez en cuando él repetía líneas que ya había dicho en la misma toma, cada vez de forma diferente.

En la mitad de una toma, estaba caminando hacia él por milésima vez, y Ralph apenas levantó el brazo. Fue un movimiento sutil, pero fue suficiente para que yo me detuviera en seco y pensara: ¿me está intentando abrazar? Dudoso, me acerqué temblando, con los brazos a los costados. Me rodeó con sus brazos y me dio el que quizá sea el abrazo menos atractivo que se ha capturado en el cine. Incluso en el set me dejó frío. Un abrazo de Voldemort fue aterrador para Draco e igual de incómodo para Tom. En ese entonces me dio escalofríos y, al día de hoy, recordarlo me produce lo mismo.

Fue una de 50 tomas. No tenía idea de que iban a usarla hasta que vi la película por primera vez en el estreno en Londres. El público guardó un silencio sepulcral. Ese momento fue tan perverso, ver a Voldemort mostrar afecto de manera tan retorcida fue tan espeluznante, que sentía que todos a mi alrededor contenían el aliento incómodos. ¡Fue genial! Después fui al estreno en Estados Unidos. Emocionado, esperaba la misma respuesta. Me vi en pantalla acercarme al mago más malvado y oscuro de todos los tiempos. Lo vi abrazarme de forma incomodísima. Anticipaba el momento. Esperé el silencio estupefacto, pero el público se empezó a carcajear. Para el público en Estados Unidos fue divertidísimo. A la fecha no sé por qué. ¡Pero me encanta!

• • •

La fallecida Helen McCrory, quien interpretó a mi madre, Narcisa Malfoy, se incorporó en la sexta película. Originalmente querían que interpretara a Bellatrix Lestrange, pero se embarazó y decidió no aceptar el papel para centrarse en ser mamá. Para algunos hubiera sido intimidante incorporarse a un grupo tan unido de Malfoys y mortífagos variopintos, integrándose a las tensiones en pantalla entre Jason y Ralph. Pero nunca me dio la impresión de que se sintiera intimidada, ni por un instante. Era demasiado cool.

Helen era cool sin esforzarse. Se sentaba en silencio, liaba sus cigarros con papel de regaliz, y nunca sentía la necesidad de interrumpir a los demás o de hablar para llenar vacíos. Podía parecer severa, como si te pudiera derribar las veces que quisiera, pero descubrí que en el fondo era muy bondadosa. Al poco tiempo me sentí con la confianza de preguntarle toda clase de cosas sobre la vida, el amor y todo lo que se me ocurriera, y siempre era generosa con su tiempo y consejos sin ser condescendiente. Su enfoque era opuesto al de Jason o Ralph. Cuando entraba en su personaje no encendía ningún interruptor como Jason, tampoco adoptaba silencios largos y dramáticos como Ralph. Su transición apenas era perceptible, pero cuando interpretaba a Narcisa, algo en su mirada te indicaba todo lo que debías saber sobre su personaje: se percibía la frialdad Malfoy, pero también un lado más suave de su naturaleza. Apenas tuve que mirarla para entender una verdad más profunda sobre Draco.

Nunca nos dicen explícitamente por qué le aterra tanto la idea de matar a Dumbledore, pero esta es mi teoría. Si solo pudiéramos ver la influencia del padre de Draco, tal vez su reacción no tendría sentido. Pero también vemos la influencia de su madre, Narcisa, una mujer que está dispuesta a mentirle a Voldemort para salvar a su hijo. Esta influencia dota a Draco de humanidad, y si conseguí capturarla mínimamente en mi actuación en la sexta película, fue en parte gracias a la estupenda actuación de Helen. A su manera discreta, me influyó tanto como los demás.

En la escena del abrazo de Voldemort, cuando Draco no está seguro de si dejar a los alumnos de Hogwarts para unirse a los mortífagos, la urgencia del llamado de su padre lo llama, pero a partir de la suavidad de su madre toma su decisión. La capacidad de Helen para retratar el lado más suave de la personalidad de Narcisa le dio a Draco el motivo para caminar. En el arte, como en la vida, me cuesta trabajo decirle que no a mi madre.

24.

TODO PASA

o

LA CHICA DEL GRAN COMEDOR

ME GUSTARÍA QUE REGRESÁRAMOS AL PRINCIPIO DEL LIBRO. ES MI último día de filmación en mi primera película, *The Borrowers*, y estoy sentado en la silla de maquillaje para que me corten el permanente naranja. De repente me cae el veinte de que el proyecto se terminó. Me invade la tristeza y empiezo a llorar. Culpo a la señorita de maquillaje, le digo que me picó con sus tijeras, pero no es cierto. La verdad es que no llevo bien cuando las cosas se terminan.

Pero todo termina, como diría mi Beatle favorito.

La última película de Potter fue una labor colosal porque fueron dos películas que grabamos al mismo tiempo, a diferencia de las películas pasadas, no tuvimos el descanso habitual de seis meses. Parecía que el rodaje era eterno. Yo no filmé ni una cuarta parte del tiempo que Daniel, Emma y Rupert, así que a saber cómo se sintieron sobre el maratón. Sin embargo, los últimos días pasaron mucho más rápido de lo que me hubiera gustado. Habíamos pasado la mitad de nuestra vida pensando que el final estaba lejísimos, pero a todos nos agarró desprevenidos. Al mismo tiempo, había un sentimiento generalizado de alivio cuando se acercó la meta. Pero alivio no es lo mismo que felicidad, y cuando llegó mi último día en el set, sabía qué esperar de mí. A fin de cuentas, tenía antecedentes.

Mi último día fue un rodaje de la segunda parte. Filmamos a Draco saliendo de la batalla, corriendo por el puente cubierto con escombros antes de detenerse un instante, voltear, reflexionar y seguir adelante. Fue una de muchas escenas que no terminaron en la versión final de la película. Cuando llegó la hora de terminar, hice un esfuerzo sobrehumano por mantener mis emociones a raya. Me despedí del equipo de la mano con una despedida muy británica, sucinta. Y me fui.

En cuanto entré al coche empecé a berrear. No podía parar, pero hice lo posible por esconderme de Jimmy, mi chofer. Esta vez no tenía a quién culpar, así que me solté. Cuando la gente me pregunta sobre ese momento, espera escuchar sobre despedidas cariñosas con Daniel, Emma, Rupert y el resto del elenco, pero ninguno estuvo presente en mi último día, además, algunos de mis amigos más cercanos eran del equipo de camarógrafos, efectos especiales, maquillaje y peinado. Habían sido una parte importantísima de mi vida durante muchos años, y me entristecía separarme de ellos igual que de cualquiera de los actores. Era una idea melancólica saber que no vería a muchas de esas personas con frecuencia o nunca más, no por elección propia, sino porque la vida sigue.

• • •

Había tenido otras experiencias actorales fuera de Potter. Entre la quinta y la sexta película participé en una producción llamada *The Disappeared*. Era una película con poco presupuesto, en la que también protagonizaba la pareja de Rupert Grint, Georgia, y que se filmó, sobre todo, en cuevas subterráneas de Londres. Como experiencia no pudo haber sido más diferente que el mundo de los magos. Desde el punto de vista actoral fue un desafío. Buena parte de Potter recaía en los vestuarios y los sets. Presentarte y parecerte a tu personaje ya era la mitad del trabajo. Aquí, descubrí que tenía que trabajar un poco más para darle vida a un individuo cuyo amigo tiene un hermano a quien secuestran y que termina con el cuello roto en manos de un sacerdote maniático (mi mamá lo disfrutó tanto como al espeluznante Tom de hule). Y era diferente en cuanto a la escala. Estaba acostumbrado a pasar cuatro horas bloqueando cámara, rodeado de un equipo inmenso y con toda la parafernalia de un set de filmación con muchísimo presupuesto. Aquí, estaba en un parque municipal en Elephant and Castle en la madrugada, mientras alguien no mucho mayor que yo estaba tras la cámara, sin tiempo para ensayar porque inevitablemente íbamos retrasados desde que entramos al set. Por primera vez me vi rodeado de actores recién egresados de la escuela de teatro, no de grandes estrellas, en un entorno que se prestaba más para improvisar. En Potter el guion estaba tan controlado que casi no había oportunidad para improvisar, sin importar lo mucho que se esforzara Jason Isaacs para colar unos parlamentos adicionales. Estaba aprendiendo que, en otros proyectos, el diálogo y el desarrollo del personaje se prestaban a la discusión, en un proceso más colaborativo. Para mí fue una curva de aprendizaje inmensa.

También por primera vez tenía permitido manejar para llegar al set. Tenía que llegar solo y resolver todo por mi cuenta. Así que, si bien *The Disappeared* fue sin duda muy importante para ampliar mis horizontes como actor, en muchos sentidos, fue mucho más significativo para mi desarrollo como persona normal.

Camuflarme siempre me pareció mejor que ser reconocido, pero en ese sentido tuve suerte. Había logrado evitar que Harry

Potter fuera la parte más notoria de mi vida. Les daba mucha más importancia a otros intereses: pescar, la música, los coches, estar con mis amigos. Potter estaba cuatro o cinco lugares abajo en la lista. Creo que debió haber sido mucho más difícil para Daniel, Emma y Rupert. Potter había sido el centro de sus vidas, en cambio para mí, actuar en las películas de Potter había sido una más de mis actividades.

A veces a la gente le cuesta creerme, pero es cierto. De hecho, contrario a la lógica, la atención que he atraído por mi participación en Potter ha aumentado de forma casi irreconocible desde que terminaron las películas. En ese entonces, sin ningún problema podía caminar por la calle, incluso con mi rubio platinado, sin que me reconocieran, sin que nadie gritara mi nombre. Ahora es más difícil. Con cada año que pasa, Potter parece ser más popular. Me cuesta entender por qué. En última instancia creo que se debe a la genialidad de las historias originales. A diferencia de muchas historias para niños que se escribieron más o menos en esa misma época, los libros y las películas de Harry Potter están pasando de generación en generación. Son uno de los pocos puntos de referencia que unen a los niños de trece años y a los adultos de treinta. Quiere decir que ha habido un efecto avalancha a medida que cada vez más gente entra al mundo de los magos. Si cuando estábamos filmando las películas me hubieran dicho que en los años venideros habría un parque temático de Harry Potter y que cortaría un listón rojo para inaugurar nuestra sección en Universal Studios, me hubiera reído en su cara.

Así que, aunque inevitablemente me entristecí cuando terminamos la última película, también pude disfrutar el alivio. Pude disfrutar no tener que sentarme en la silla de maquillaje con el pelo en aluminio todas las semanas. Pude volver a concentrarme nada más en la parte ordinaria de mi vida. Aunque personajes como Michael Gambon, Alan Rickman y Jason Isaacs me habían animado a hacerlo, no me centré en desarrollar mi carrera como actor. No anhelaba la fama ni el éxito desmedidos. No le veía el caso. Tenía veintidós años y estaba contento con mi vida *muggle*. Estaba feliz de volver a ser civil, con mis amigos, mi perro y mi novia.

• • •

La primera vez que la vi yo tenía diecisiete, estábamos filmando la cuarta película, en el Gran Comedor. Había más de cien extras a quienes veíamos de manera regular en el set y ese día ella era uno de ellos: una *Gryffindork*, lamentablemente. Había una regla, si eras un alumno en el Gran Comedor no podías maquillarte. Ella no respetaba esa regla. Tenía más o menos mi edad, tenía piel bronceada, radiante y pestañas largas, negrísimas. Era absolutamente hermosa. Y sé que no era el único que lo creía.

Después me enteré de que era asistente del coordinador de escenas de acción. Destacaba por muchos motivos, pero sobre todo porque era diminuta y estaba rodeada de dobles fuertes y robustos. Un día yo estaba en la oficina de los segundos asistentes de dirección. La chica preciosa del Gran Comedor estaba ahí con una hoja de llamado ayudando a organizar los horarios de los dobles de ese día, y nos pusimos a platicar. Le pregunté si quería un té y un cigarro y respondió: "Sí, ¿por qué no?". Así que preparé los tés y bajamos a deambular afuera de la Puerta 5 con nuestras bebidas y mi cajetilla de Benson and Hedges Gold. En esos días fumaba muchísimo, más para encontrar qué hacer con las manos. Le ofrecí un cigarro, sin saber que en ese entonces ella no fumaba. Aceptó uno. Lo miró e hizo bizcos, creo que le dio dos caladas antes de toser con violencia.

—No fumas, ¿verdad? —pregunté.

—Sí —contestó—. Es que… estos están un poquito fuertes.

Seguimos platicando y, mientras tanto, miembros del equipo entraban y salían por la Puerta 5. Era un lugar ajetreado. Uno de los chicos del departamento de utilería se acercó. Lo conocía bien, y platicábamos seguido pero, para mi vergüenza, no recordaba su nombre y era demasiado tarde para preguntarle.

—¿Qué onda, Tom? —me saludó alegre.

—¿Qué hay, amigo? —respondí. Le sonreí con todo mi encanto y platicamos. Cuando entró por la Puerta 5, volteé a verla y decidí confesar.

—¿Qué me pasa? No lo puedo creer —dije.

—¿Qué?

—Llevamos años trabajando juntos, lo conozco, hemos platicado sobre su familia… ¡y ni siquiera sé cómo se llama!

No sonrió, apenas reaccionó. Me miró fría y dijo:

—Tampoco sabes cómo me llamo, ¿verdad?

Pánico. Tenía razón. Me quedé paralizado. Después troné los dedos para fingir que lo tenía en la punta de los dedos. Me dejó sufrir un segundo —más que un segundo— y después terminó con mi sufrimiento.

—Soy Jade.

• • •

Esa era Jade, en resumen. Aguda, inteligente y directa. Percibía la falsedad al instante. Nos hicimos muy cercanos muy rápido. Jade era intrépida. Tenía que defenderse de los dobles quienes, sin querer generalizar mucho, eran los veteranos del set. Entraba a mi cámper a escondidas cuando tenía tiempo libre para un té y una vez tuvo que aguantar que todos los dobles entraran, fingieran golpearme y destrozar el lugar, para avergonzarla. Un día casi me sorprendí a mí mismo cuando le dije: "¿Somos novios?". Me sonrió. Sonreí de oreja a oreja.

Para nuestra primera cita formal fuimos al zoológico de Londres. Llegué a recogerla a casa de sus papás en un reluciente BMW M6 rojo. Su papá —a quien después de cariño le decía Stevie G— tenía el mismo coche, pero la versión un poco más discreta. Eran iguales, pero el suyo no tenía gran cosa debajo del cofre. El mío era mucho más ostentoso. El papá de Jade abrió la puerta para encontrarse con un tipo rubio platinado y un coche demasiado potente para un chico de diecinueve años, listo para llevar a pasear a su única hija por Londres. Tenía todo el derecho de interrogarme con total severidad, o por lo menos mirarme con sospecha. Pero al poco tiempo descubrí que era demasiado noble para hacer eso, se tomó con calma mi ostentación adolescente y se reservó juzgarme. Cualquier otra persona me hubiera tachado de pendejo. Haciendo memoria, creo que sí lo parecía. Jade y yo nos dimos la mano por primera vez en el zoológico de Londres y fumamos unos mentolados, más tolerables, y a pesar de que mi rubio platinado gritaba Draco, nadie nos detuvo, ni siquiera se fijó en nosotros. O más bien, nosotros no nos fijamos en nadie.

A partir de ahí el tiempo se fue volando. Un par de meses después la llevé a Venecia para celebrar sus diecinueve (de milagro, Stevie G autorizó la idea). Tom, mala decisión. Lo sensato hubiera sido empezar más modesto e ir mejorando. Cuando te hospedas en un hotel de un lujo ridículo en la ciudad más romántica del mundo, ya no puedes mejorar mucho más. Supongo que quería impresionarla. Fuimos a Harry's Bar, uno de los restaurantes más lujosos del mundo, dos chicos rodeados de adultos ricos. Después de un Bellini de más, el mesero me tuvo que pedir, con toda amabilidad, que bajara la voz. Nos divertimos mucho.

Años después, cuando terminó Harry Potter y había terminado de llorar, nos fuimos de vacaciones para celebrar nuestro paso por las películas, y regresamos a Italia. Ya me había rasurado el pelo rubio y estábamos celebrando discretos el final del maratón Potter. No tenía planes para el futuro. Mucho menos esperaba regresar a un set de filmación dentro de poco tiempo. Así que cuando mi agente me llamó a Italia para contarme que me habían ofrecido un papel en una película importante, me agarró por sorpresa. La película era *El planeta de los simios (R)evolución* e implicaba que la próxima semana me subiera a un avión para volar a Vancouver.

Al día de hoy desconozco por qué o cómo me escogieron de entre tantas personas que pudieron haber interpretado ese papel. Incluso en ese entonces, era muy consciente de que mis 10 años de trabajo en Harry Potter se debían, en gran parte, a que un día, cuando tenía doce años, me había presentado a la audición. De no haberlo hecho, otra persona habría interpretado el papel igual de bien. Esto era diferente. Una superproducción de Hollywood que protagonizaban James Franco y Andy Serkis, con un presupuesto de cientos de millones de dólares, para la que los realizadores básicamente podían elegir a cualquier actor del mundo. ¿Y me habían elegido sin ni siquiera pedirme que audicionara? Fue desconcertante, pero también inevitablemente, muy cool. En ese momento contemplé, por primera vez, mi futuro como actor y parecía un poco prometedor.

El planeta de los simios (R)evolución era el primer proyecto en el que participaba que emocionó a mi papá. Era fan de la original de Charlton Heston, que yo nunca había visto. En ese entonces ni siquiera sabía que uno de mis parlamentos era infame: "¡Quítame las sucias patas de encima, mono asqueroso!". Lo único que sabía era que parecía una aventura nuevecita y muy agradecido, acepté la oferta.

Harry Potter había sido una producción importante, desde luego, pero los sórdidos y viejos Leavesden Studios le habían dado un toque de humildad, muy británico; igual que salir a tomar una bocanada de aire fresco afuera de la Puerta 5. En una superproducción de Hollywood todo es más grande y mejor. Por ejemplo, el catering. En Vancouver me preguntaron si quería algo del *"crafty"*.

—¿Qué es eso? —pregunté.

—*Craft*.[4]

Me llevaron a un *food truck* gigantesco en donde podía pedir *lo que quisiera a la hora que quisiera*. Galletas, sándwiches, papitas, lo que se les ocurra. ¿Quieres un helado a las dos de la mañana? Sin problema. ¿De qué sabor? Imagínense a mi *doppelgänger* Macaulay Culkin pidiendo servicio a la habitación en *Mi pobre angelito 2*.

Y parecía que esa sería mi vida. Una vida de helados de cortesía en la madrugada. Una vida en la que, con tan solo la formalidad de una llamada telefónica de mi agente, me llevarían de un set de filmación a otro. *Aquí está. Así será mi futuro.*

Resulta que me equivoqué.

---

[4] Diferente del *catering*; bebidas, botanas y otros servicios disponibles en todo momento durante el rodaje para el elenco y equipo técnico. *N. de la T.*

25.

DESPUÉS DE LA VARITA MÁGICA

O

SOLO EN LA-LA LAND

EL PLANETA DE LOS SIMIOS (R)EVOLUCIÓN FUE UNA EXCEPCIÓN. FUE LA primera vez que me ofrecieron un papel importante sin audicionar, y no se repetiría en mucho tiempo. Un golpe de suerte que no se repetiría en el futuro cercano.

De habérmelas arreglado solo, bien podría haber sido mi última película. Me faltaba el impulso para reafirmarme y consumar el potencial que, según Jason y los demás, había mostrado al final del proyecto de Potter. Incluso me entró la duda de si estaría más feliz dejando la actuación para convertirme en pescador profesional de caña. Por fortuna, Jade tenía otros planes para mí. De no haber sido por su apoyo, hoy no tendría una carrera. Cuando quedó claro que tendría que regresar al mundo de las audiciones, montamos un soporte portátil para cámara (gente, esto fue antes del iPhone) y en donde estuviéramos, ella leía conmigo, fundamental, porque sin alguien que lea contigo es como lanzar una pelota de tenis contra la pared. Gracias a su insistencia, grabamos una inmensidad de videos de mí, cuyo índice de *strikes* era más o menos de uno en 100. Mientras tanto, un antiguo amigo de la escuela me metió en una miniserie que se filmaba en Ciudad del Cabo, *Labyrinth*, una fantasía histórica con John Hurt y Sebastian Stan.

Mi papel era del vizconde Trencavel. El personaje no podría haber sido más diferente a Draco Malfoy. Requería una peluca al estilo de *Corazón valiente* (por suerte, no era ajeno a los peinados raros), un traje de cota de malla, y como parte de la actuación, una espléndida entrada a su castillo para pronunciar un discurso heroico frente a una multitud numerosa. De hecho, en esta película yo pronunciaba dos discursos heroicos y esa idea me aterraba. Conocía tan bien a Draco, sabía cómo reaccionaría en cualquier situación. Crear algo de la nada, sin ninguna reunión con el elenco ni el equipo con anticipación era intimidante. Y aunque estaba habituado a producciones de cierta escala, ya no estaba en mi zona de confort de Leavesden Studios, ni en mi cámper, ni en la Puerta 5. Cuando llegué al set, hablé en serio conmigo mismo. *Tom, tú puedes, relájate.* Conocí al director en el set aquella mañana y un par de horas después me abría paso entre una multitud de actores de fondo listo para pronunciar mi primer monólogo.

A propósito de los actores de fondo: algunos se toman en serio su trabajo, otros no. Algunos se concentran, a otros les cuesta ocultar su aburrimiento. Así que cuando en mi primera toma me paré frente a ellos, listo para decir mi parte y un poco cagado, vi un mar de rostros concentrados mirándome, excepto uno. Su cara destacaba: un adolescente, más joven que todos, con una expresión que me recordó a mí mismo a su edad. Me miró con absoluto desdén, muy propio de Draco, como yo mismo hubiera hecho a su edad. Casi escuchaba lo que pensaba: *¿Ah sí? ¿El señor de la peluquita va a recitar un poema? Qué idiota.*

Él no lo sabía, pero había tocado todas las inseguridades que sentía. Así que en ese instante tomé una decisión: le iba a recitar mi monólogo directamente a él. En vez de abracar a la multitud con la mirada, me centré en él, como con un láser. Iba a tomar prestado el manual de Ralph Fiennes y dejar que el silencio hablara en mi lugar. Lo miré. Dejé que aumentara la incomodidad. Lo vi mirar de izquierda a derecha, era obvio que se preguntaba si lo estaba mirando. Poco a poco percibí que, al igual que el resto del elenco, también me estaba tomando en serio. Así que aproveché la seguridad que me dio ese momento y pronuncié mi discurso conmovedor de la mejor manera que pude. No me corresponde decir si estuvo bien o no, pero en retrospectiva, le agradezco al adolescente arrogante del fondo. Me dio el combustible que necesitaba y el ímpetu para poner en práctica lo que en el curso de los años me habían enseñado aquellos actores mayores sobre cómo mantener la atención de alguien.

Mi segundo monólogo conmovedor fue un poco menos exitoso. Antes de ofrecerme el papel, el productor había repasado varios asuntos logísticos conmigo, un procedimiento estándar. ¿Estás disponible en estas fechas? ¿Tu pasaporte está actualizado? ¿Tienes licencia de conducir? Como actor, aprendes que la respuesta correcta para todas estas preguntas antes del rodaje es "sí". ¿Hablas suajili? ¡Fluido! ¿Puedes hacer acento francés? *Mais oui, monsieur*! Así que cuando el productor me preguntó si sabía cabalgar, naturalmente, le di la respuesta que quería escuchar. Hermano, ¡casi nací en una silla de montar!

No era una mentira absoluta. Nuestro vecino tenía caballos y, de pequeño, a veces me paseaban plácidamente en ellos. Pero la verdad era que me aterraban y esos paseos de la infancia eran muy distintos de lo que se esperaba de mí en aquella ocasión. Debía cabalgar y recorrer a una fila de cien caballeros de arriba abajo, todos en cota de malla, escudos y espadas, mientras yo declamaba como todo un héroe. En el clímax de mi discurso, se suponía que debía clavar los talones en los flancos del semental y salir galopando, liderando a mi ejército a la batalla.

El caballo tenía otros planes. En mi primera toma, me acercaba al momento crítico, di el grito de guerra, con la espada desenfundada, a punto de dirigir a mi potente ejército a la gloria, lo animé con los talones con heroísmo. Los extras vociferaron, listos para seguir a su líder intrépido a la muerte o la gloria. Sin embargo, para el caballo, mi discurso no fue muy inspirador. Había mostrado el mismo interés en galopar que el extra adolescente en mi primer día en el set. Así que lo intentamos de nuevo. "¡Por el honor! ¡Por la familia! ¡Por la libertad!". Por un demonio… con trabajos el caballo salió trotando. Vi al director y al productor sacudiendo la cabeza detrás del monitor. Era evidente que esto se veía ridículo. Necesitábamos una solución.

La entrenadora del caballo estaba en el set, era una mujer bajita y mi personaje traía puesta una capa enorme, al estilo de Snape. La entrenadora se sentó detrás de mí en el caballo, cubierta por mi inmensa capa, y se agarró de mi cintura. El caballo le tenía más respeto a ella que a mí. Cuando llegó el momento, con gentileza le rozó los flancos con los talones y mi poderoso corcel salió a todo galope. Fue absolutamente aterrador. Desesperado, me aferré a las riendas, con los ojos bien abiertos y la cara pálida, hice todo lo posible por no caerme mientras cabalgábamos hacia la batalla. Cuando reprodujeron la toma, mi expresión era de un horror miserable. No me sorprendió que esa escena no terminara en la versión final.

Ese no fue mi último episodio desafortunado a caballo. En 2016, Kevin Reynolds, que había dirigido *Robin Hood: príncipe de los ladrones* y era uno de mis directores favoritos, me pidió ser parte de su drama bíblico, *La resurrección de Cristo*. Debía interpretar a un soldado romano, al lado de Joseph Fiennes, hermano de Ralph, que me adoptó de inmediato. Una de las primeras escenas centrales implicaba que cabalgáramos, de nuevo, atravesando una multitud de extras, mientras nos apedreaban con piedras de papel maché, camino a la crucifixión. Aquí, el personaje de Joseph tendría una conversación con Jesús, mientras yo esperaba sentado tranquilamente a caballo a un lado.

Los caballos llevaban horas ensayando esta escena aun sin nosotros. Pero no sabían que las piedras estaban hechas de papel maché y comprensiblemente estaban inquietos. Lo que sin duda alguna sabía mi caballo era que el bruto en su lomo —yo— no era ningún jockey. Mientras Joseph Fiennes daba su magnífica actuación, mi corcel se negaba a estarse quieto. Rotaba a un lado y luego al otro, entraba y salía de la multitud. No fui capaz de controlar al condenado. Escuché que Kevin gritó: "¡Corte! ¿Qué *diablos* está pasando?". Me disculpé de manera poco convincente y al final tuvimos que ponerle el vestuario de soldado romano a uno de los entrenadores de caballos para que pudiera mantener quieto al caballo mientras yo permanecía sentado en la silla un poco avergonzado.

Fue la última vez que intenté montar a caballo frente a una cámara.

• • •

De niño había audicionado para cientos de proyectos antes que Potter. En ese entonces, me había acostumbrado a no quedarme en la mayoría. Y tendría que acostumbrarme de nuevo. Estaba audicionando cada par de semanas y me estaban rechazando casi con la misma frecuencia. Por supuesto, era consciente de que a algunas personas les sorprendía que tuviera que audicionar, para empezar, pero la verdad nunca me pasó por la cabeza que me

TOM FELTON

ofrecerían algo. No tenía un *showreel* diverso. Me parecía una locura, ahora que estaba frente a la posibilidad de desarrollar una
carrera como actor, que me hubiera quedado en *El planeta de los
simios (R)evolución* sin que nadie hubiera verificado mi acento estadounidense. Me parecía más normal estar en extremo de la vida
de un actor con trabajos ocasionales.

Insisto, de haber sido por mí, seguro habría permanecido en
ese limbo, pero Jade era una fuerza impulsora y Alan Radcliffe
me había dado un buen consejo: encuentra a un buen agente, ve
a L.A. y audiciona todo lo que puedas. Así que hice justo eso.

Alguna vez alguien dijo que Nueva York tiene casi cuatro veces la cantidad de trabajo para un actor que Londres y L.A. cuatro
veces más que Nueva York. Hagan las cuentas y es fácil entender por qué miles de actores de todo el mundo terminan en Hollywood. Es una ciudad llena de contradicciones: llena de éxitos
y fracasos, riqueza y pobreza, y es emocionante e intimidante en
la misma medida. En esos primeros días, vi todos los ángulos de
L.A. Me quedaba en algún hotel anodino de Hollywood varias semanas seguidas, intentaba leer tres guiones al día y tener todas las
reuniones posibles en persona con gente importante.

Algunas puertas estaban abiertas. Una agencia de L.A. me
aceptó como cliente. Me llevaron a almorzar al Hotel Beverly Wilshire y con mucho orgullo me contaron que ahí habían filmado
Pretty Woman. Asentí por cortesía, pero no les conté que nunca había visto *Pretty Woman*. Me sentía fuera de lugar, un chico de Surrey
al que llevaban a comer a uno de los lugares más exclusivos y a la
moda de Hollywood. Acá entre nos, hubiera preferido una caja
de nuggets. De vuelta en su oficina, estaba frente a seis personas
que me observaban con miradas de entusiasmo, me dijeron que
sería una gran estrella y que ellos sabían cómo hacerlo realidad.
Cada par de minutos entraba alguien nuevo, me daba la mano y

me decía que era un fan total, y que era muy emocionante que fuera a ser parte de su equipo. Pensé: *¡Genial! Un poco raro, pero podría acostumbrarme.*

Fue más difícil entrar por otras puertas. Mi primera audición en L.A. fue para el papel de un maestro en un piloto para la tele. En aquel entonces no sabía que en Hollywood hacen miles de pilotos para la tele, para varias series, la mayoría de las cuales nunca son contratadas. Son las servilletas desechables de la industria del cine. No lo entendía así. Para mí, todo era un Harry Potter en potencia. Así que cuando llegué al estudio para la audición no estaba preparado para lo que me esperaba. De nada sirvió que detrás en la caseta de seguridad estuviera colgado un póster de Harry Potter enorme, de todas formas me costó trabajo explicar quién era, por qué había ido y que me dejaran entrar. Ya que por fin llegué a la sala de audiciones, me quedó claro que era uno de muchos aspirantes. Me dijeron dónde sentarme entre por lo menos una docena de personas, y esperé a que pasaran tres o cuatro personas antes que yo. Se escuchaba todo lo que ocurría en la sala de audiciones —en el Reino Unido esto no se acostumbra—, y me puse más nervioso. Me tocaba. Entré a la sala de audiciones y me encontré a seis personas sentadas en una línea, con cara aburrida y nada impresionada. Si me reconocieron, no se les notó para nada. Los saludé con mi sonrisa más radiante y dije: "¡Hola! ¡Soy Tom, de Inglaterra!".

Nadie respondió. Me acerqué para saludar de mano a todos, pero cuando llegué al tercero o cuarto en la línea, empecé a sospechar que la situación no se prestaba para darles la mano. Uno de ellos confirmó mi sospecha cuando dijo: "¿Te puedes ir a parar en la x y decir tus líneas?".

Miré por encima del hombro y vi una cinta *gaffer* en el piso. "Claro, lo siento", dije, y me acomodé en mi lugar. Ahí parado apenas parecían registrar que estaba en la sala. Comprendí la realidad de la situación. Llevaban horas sentados ahí. Habían escuchado esta escena de todas las formas posibles. Era para un personaje irrelevante y no sabían o no les importaba en qué había salido antes. Al contrario, ansiaban deshacerse de mí.

Conforme me cayó este veinte, mis nervios se dispararon. El papel para el que estaba audicionando era un personaje nervioso, pero no estoy seguro de que eso haya ayudado. Dije mi parlamento con torpeza en un acento estadounidense sumamente desconcertante —en una línea era de Texas, en otra de Nueva Orleans y en la otra de Brooklyn— y a veces lo repetía para asegurarme de haber dicho bien las palabras. Fue humillante, para todos los involucrados. A la mitad, tres de ellos estaban viendo sus teléfonos, lo cual nunca es una buena señal.

Fue mi primera audición desastrosa en L.A. Y no sería la última (de nuevo, lo siento, *Sir* Anthony...). Me gustaría decir que se vuelve más fácil. La verdad es que no. Pero desarrollé una especie de peculiar adicción al proceso. Antes de cada audición, me paraba afuera de la sala y mi cerebro nervioso intentaba numerar todas las razones por las que, en el fondo, no tenía que estar ahí, por qué debía irme. Pero después, el alivio de haberlo hecho no se compraba con nada. Sin importar lo bien o mal que hubiera salido la audición, el eufórico subidón de adrenalina me daba un entusiasmo único. A lo mejor había vuelto a empezar desde cero en el mundo de la actuación, pero lo estaba disfrutando.

L.A. puede ser un lugar solitario, sobre todo al principio. Hay pocas experiencias igual de confusas que estar en esa ciudad enloquecida solo, intentando descifrarla. Sin embargo, cada que volvía, conocía a más personas. A cuantas más personas conocía, la ciudad se volvía un lugar más amigable. Cuanto más amigable me parecía, más me seducía el clima, la actitud optimista y la calidad de vida. Pese a sus excentricidades, o quizá debido a ellas, L.A. me empezó a llamar. Jade y yo pasamos unas temporadas breves en la ciudad y cuando surgió la oportunidad de audicionar para una nueva serie para la televisión que había creado Stephen Bochco que se filmaría en L.A., llamada *Murder in the First*, decidí hacerlo. Grabamos muchos videos de mí en la sala de los papás de Jade en Londres (gracias, Stevie G) y audicioné innumerables veces para quedarme con el papel. Al final, me dijeron que lo tenía, así que Jade y yo nos mudamos a L.A. con mi perro Timber.

Y la vida era buena. Todo era más grande, más radiante y mejor. Encontramos un bungaló pequeñito de madera en West Hollywood, estaba pintado de blanco, tenía un jardincito y una cerca de madera. Poco a poco, a medida que comencé a trabajar, se esfumó la insoportable soledad de L.A. y empezaron a surgir los placeres de ser una persona en el ojo público en esa ciudad. En Inglaterra a nadie le importaba que fuera famoso. Si les importaba, lo común era señalar y susurrarlo a su amigo, o cuando mucho, se acercaban a preguntar: "Oye, ¿eres el mago ese? Ya sabes cuál, el de esa película". Y la mayoría de las veces iba acompañado de un comentario sarcástico. En L.A. a medida que mi cara y mi nombre se empezaron a hacer más conocidos, se desvaneció esa sensación *cool* de un inicio y, de pronto, parecía que casi a *todo el mundo* le importaba que fuera famoso, de una manera que alimentó mi ego como nunca antes. Desconocidos efusivos aseguraban *amar* mi trabajo. ¿Mi *trabajo*? A mí me parecía que nunca en la vida había trabajado en serio un solo día en mi vida, salvo en el estacionamiento de la pesquería en Surrey. ¿Pero quién era yo para decir lo contrario? Sobre todo cuando me empezaron a tratar como auténtica estrella de cine. Nunca me había pasado. Por suerte, mis tres hermanos mayores siempre me mantuvieron en mi lugar. En la escuela y otros lugares nunca me dejaron sentirme diferente. Y ahora, en L.A., todo el mundo me empezaba a tratar como alguien que no era.

Todo comenzó con la ropa. Me empezaron a dar ropa de diseñador. ¿Gratis? Gratis. Increíble. Después llegaron los coches. Conocí a alguien que cuidaba una flota VIP de BMW. Jamás en la historia me había considerado un VIP, lo que fuera que eso quería decir. Y al parecer, de repente, ya lo era, y me prestaban distintos coches cuando los quería.

Llegábamos a un club con una fila de personas esperando para entrar porque era *el* lugar, levantaban la cuerda de terciopelo rojo en el acto y nos escoltaban al interior sin tener que esperar, porque eso pasa cuando eres "una estrella de cine". Mi mundo se convirtió en uno de muchas oportunidades, una locura, salidas nocturnas complejas y —no hay otra manera de decirlo— cositas gratis muy cool. Lo disfrutaba. Jade lo disfrutaba.

¿Es que quién no?

• • •

Si le dices a alguien que es maravilloso muchas veces, empezará a creerlo. Si lo empiezas a adular, tarde o temprano empezará a creérsela. Es casi inevitable. Llegaba a un nuevo restaurante lujoso en un radiante Lamborghini anaranjado que me habían prestado para la semana y los meseros se apuraban para llevarme a una mesa exclusiva que habían reservado de último momento gracias a mi nombre, mientras los paparazzi tomaban fotos de mi llegada increíblemente sutil. Lo primero que hubiera hecho el viejo Tom habría sido llamarle a su hermano para contarle lo ridículo que era todo aquello. Le hubiera enojado su propia estupidez porque era *demencial*. El nuevo Tom no lo hizo. El nuevo Tom fingió que era normal. Por supuesto que me reservaste una mesa en este restaurante exclusivo con una lista de espera igual de larga que el Golden Gate. *Por supuesto* que sí.

Me comportaba como me trataban. Durante un rato fue muy divertido. Pero solo un rato. Al poco tiempo el brillo comenzó a apagarse.

Nunca supe que quería este tipo de vida. Y con el paso del tiempo, me di cuenta de una verdad incómoda que se fue colando sigilosa: *no* la quería. Quizá parezca ingrato. Y no es mi intención. Estuve en una posición afortunada y privilegiada, pero mi vida en aquel entonces tenía un grado de falsedad. Me di cuenta de que, en general, *no quería* ir a ese estreno o a ese restaurante lujoso o la isla del Caribe en donde habíamos reservado nuestra siguiente escapada. Extrañaba mi vida anterior. Extrañaba pescar en el lago con Chris. Extrañaba ver *Beavis y Butt-head* con Ash. Extrañaba hacer música con Jink. Extrañaba fumar porros a escondidas con mis amigos en una banca del parque. Extrañaba esos días en los que pasaba mi tiempo libre rapeando en vez de que me pasearan en el circuito de las celebridades. Extrañaba tener una conversación normal con un ser humano auténtico, que no me conociera y a quien no le importara. Extrañaba a mi mamá.

Debí haberme percatado de estos sentimientos y hacer cambios. Debí haber externado lo que me preocupaba, si no a alguien más, por lo menos a mí mismo. Pero había empezado a ocurrir algo extraño. En un entorno en donde la gente parecía desesperada por resolverme las cosas, empecé a perder la capacidad de hacer las cosas y pensar por mí mismo. Cuando le permití a mi equipo de L.A., recién designado, alentarme con mi carrera como actor y exponerme a este nuevo estilo de vida hollywoodense, sentí que había hecho mucho más que eso, había delegado mi capacidad para tomar cualquier decisión y para tener opiniones personales. Si te recuerdan con frecuencia lo afortunado que eres y que cierto estilo de vida es *cool*, te lo empiezas a creer incluso si en el fondo no estás de acuerdo. De repente, tu capacidad crítica se esfuma y dejas de ser tú mismo. Poco a poco, dejé de serlo.

Cuanto más me sumergía en la cortina de humo de Hollywood menos oportunidad tenía de conocer a personas que no supieran quién era y, más todavía, que no les importara. Día con día tenía interacciones cada vez menos humanas con la gente. Siempre parecía haber un trasfondo. Un subtexto. Intenciones ocultas. Y no era yo. Desde que tengo memoria, siempre he imitado el humor autocrítico de mi papá. Era una parte natural de mi personalidad, de quién era. Pero entre mi círculo social en L.A. no se traducía igual. Todos se tomaban demasiado en serio. Todos *me* tomaban demasiado en serio.

Y tal vez, debajo de la superficie, había otros factores en juego. Para mi familia los problemas de salud mental no son nuevos. De niño, Ash había estado hospitalizado; Jink de adulto. Llevaba en la sangre una predisposición a estos problemas. Me resulta fácil pintar el retrato de un joven al que Hollywood corrompió, pero tal vez había algo más. Sin duda, L.A. me hizo sentir particularmente solitario y disociado de mí mismo: sí, esos sentimientos pueden desencadenar dificultades en la salud mental de cualquiera. Tal vez es más fácil ocultar estas dificultades cuando estás del otro lado de las cuerdas de terciopelo o detrás del volante de un reluciente Lamborghini anaranjado.

Me urgía escapar de la versión de mí mismo en la que me estaba convirtiendo. Ansiaba tener contacto humano con personas a quienes no les importara nada el estilo de vida en la alfombra roja. Me urgía reconectar con mi antiguo yo. Ansiaba la autenticidad.

Y encontré todo eso en un bar de nombre Barney's Beanery.

26.

LA BALADA
DE BARNEY'S
BEANERY

o

SI YO FUERA RICO

Permítanme contarles sobre Barney's Beanery.

En Los Ángeles nada es viejo, pero en cuanto a *pubs* se refiere, Barney's es uno de los más antiguos. Es un bar destartalado que lleva las heridas de batalla de sus sesenta años de vida. Hay una placa que le dedica un lugar a Jim Morrison de The Doors, en donde le gustaba sentarse, y las paredes están repletas de recuerdos de todas las décadas a partir de los sesenta. Estos recuerdos registran el paso del tiempo como los anillos de un árbol. Tal vez por eso me gustaba. Barney's lo ha visto todo. No le importa quién seas.

Y tampoco a su clientela: una mezcla extravagante de gente a quien le vale todo, lo más ajena a la gente bonita del circuito de Hollywood. Era mi gente. Frente a ellos no tenía que fingir. Podía ser el bromista relajado que mi papá me había enseñado a ser.

Entre mediados y finales de mis veintes pasé muchas más horas, muchas más noches de las que recuerdo, en Barney's. Antes de eso nunca había sido muy bebedor. Una copa de champaña en una boda, tal vez, y nada más. Pero cuando pasas tanto tiempo en bares destartalados ansiando la normalidad, es inevitable que termines tomando demasiado. Fui de no tener ningún interés particular en el alcohol a tomarme un par de pintas diarias antes de que siquiera anocheciera, y un shot de whiskey para acompañarlas.

En el mejor de los casos, la bebida se vuelve un hábito. Mucho más si estás tomando para eludir una situación. El hábito salió del bar y, de vez en cuando, se coló al set. Llegó al grado de que cuando estaba trabajando solo podía pensar en tomar. Llegaba sin estar preparado, no era el profesional que había querido ser. Sin embargo, el alcohol no era el problema, era el síntoma. El problema era mucho más profundo y casi todas las noches me llevaba a Barney's. Me sentaba en el bar, siempre con una cerveza en la mano, tal vez algo más fuerte, y platicaba con los de siempre. Hasta la madrugada, pasaba el tiempo tomando, hablando de tonterías, jugando *shuffleboard*. Me convencí de que ahí la pasaba bien, y hasta cierto punto era verdad. Pero, por otra parte, me escondía de algo. De mí mismo, tal vez, o de la situación en la que me encontraba. Y Barney's era un buen escondite.

Me hice amigo de los bartenders, de mujeres en general. Estas chicas lo habían visto todo, eran duras y no eran precisamente amigables. Después de medio año se suavizaron un poquito y empezamos a reírnos un poco. Tenían un sentido del humor perverso. Para mí, la mitad del atractivo de pasar una noche en Barney's era la posibilidad de platicar y burlarnos de nosotros mismos. Y eso hice, una noche antes de que mi vida cambiara para siempre.

Debí haber estado acostado esa noche porque al día siguiente tenía la que creía era una reunión importante en la oficina de mis representantes. Solo llevaba 24 horas en la agenda, pero sabía que podía ser importante. En general, si un miembro de mi equipo tenía un guion que querían que contemplara, me lo mandaban para leerlo antes de que lo platicáramos. Sin embargo, en esta ocasión, mi representante me pidió que fuera a la oficina para hablar sobre algo inesperado que no necesitaba leer con antelación. Lo normal fue asumir que se trataba de un proyecto grande en el horizonte. Estaba emocionado.

Pero en vez de estar acostado en mi cama, pasé toda la noche en Barney's. No dormí nada y estaba un poco indispuesto, tal vez porque había tomado de más, siete whiskeys para ser exactos. Me despedí de las chicas y les dije que nos veíamos mañana. Mientras dejaba mi Beamer en el valet del edificio donde estaba la oficina de mi representante a la mañana siguiente, me sentía muy alegre, sobre todo ante la idea de una gran oferta sobre la mesa. La oficina estaba en un rascacielos de cristal en una de las zonas más fresas de Los Ángeles. Entré al elevador y subí hasta la planta alta, todavía mareado de la noche anterior, y me registré en la recepción. Minutos más tarde llegó mi representante para llevarme a la reunión.

¿Acaso detecté cierta brusquedad en su conducta, cierta represión? Creo que sí, pero tenía muchas ganas de saber de qué se trataba, así que no le puse mucha atención.

Tan solo de verlo es imposible saberlo, pero en el pasado el edificio fue un banco. No había mesas para contar dinero como en Gringotts, tampoco pesados libros de contabilidad ni empleados evasivos. Era moderno y elegante. Pero tenía una antigua puerta circular que dirigía a la bóveda, que conducía a una oficina en donde se hacían todas las juntas importantes. Me estremecí un poco cuando mi representante me condujo hacia ella. ¡Estábamos en la bóveda! ¡Sí! Tenían que ser buenas noticias.

Cruzamos la entrada. Me quedé helado.

No era una cámara enorme. Era suficiente para una mesa de reuniones, las otras personas que estaban en silencio sentadas en círculo, esperando, y yo. Jade estaba ahí, al lado de dos de mis agentes. Mi abogado. Mis dos representantes. Y un desconocido grande, pelón y tenebroso.

Nadie dijo nada. Me miraron. De inmediato supe que me habían llevado con engaños. Supe que nada tenía que ver con un trabajo espectacular que definiría mi carrera como actor. Qué era lo querían de mí, *no* lo sabía. Pero la mirada en sus ojos y la energía en la cámara me dijo que nada bueno. Había escuchado de las intervenciones, en las que amigos y familiares se reúnen para decirle a alguien que su vida corre peligro. Pero mi vida no corría peligro. ¿O sí? No se podía tratar de eso.

¿O sí?

Me desplomé al piso como una toalla empapada. La cámara empezó a dar vueltas. Sacudía la cabeza y decía para mis adentros: "No puedo hacer esto. *No puedo* hacer esto...". Nadie dijo nada. Siguieron mirándome con expresiones lúgubres, serias. Salí tambaleando de la cámara, el pulso me latía con fuerza. Me dejaron ir. Salí para intentar tranquilizarme con un cigarro, me escoltó el desconocido grande y calvo, pero en ese momento no era capaz de estar en calma. Se apoderó de mí una sensación apabullante, implacable, de traición y transgresión. Todos en mi vida profesional y —mucho peor— la persona más cercana a mí, habían conspirado para llevarme a ese lugar. No lo había visto venir para nada. Estaba enojado. Estaba cansado. A decir verdad, estaba crudo. Consideré salir corriendo, pero por alguna razón no lo hice. Regresé al edificio y atravesé la puerta de la bóveda. Todos seguían ahí. Me seguían observando, con una mirada que me daba escalofrío, pero también me ponía furioso. Me senté reacio —incapaz— de ver a nadie directo a los ojos. Y el tipo alto y calvo, la única persona a quien no reconocía, se hizo cargo.

Era un intervencionista profesional, a quien le llaman cuando quieren estar seguros del resultado de la intervención. Mi agencia le había pagado para que dirigiera el proceso. No es un servicio barato y era bueno en su trabajo. Lo había visto todo. Podía predecir cualquier reacción que podía haber mostrado. Explicó que ahora mismo sabía que estaría enojado, pero que en algún punto lograría perdonar a los presentes por lo que habían hecho. Le dije que se fuera a la mierda con la mirada. No estaba contemplando perdonar a nadie. Estaba exhausto. Todo me daba vueltas. Estaba cayendo. La noche anterior había estado en Barney's hablando con apertura y honestidad con mis conocidos. Ahora estaba rodeado de mis supuestos amigos que me habían mentido, que me habían engañado para creer que tenía una nueva propuesta para que cayera en la trampa. Eran disimuladores. No podía entender por qué, si les preocupaba tanto, no fueron a mi casa a hablar conmigo como la gente normal. ¿Perdón? A la mierda. Estaba lejos del perdón.

Todos los presentes me habían escrito una carta. Las leyeron en voz alta, uno después del otro. En general, las cartas eran bastante breves. Borré la mayoría de mi memoria. Escuché a Jade y a los demás mientras relataban lo mucho que les preocupaba mi conducta, mi alcoholismo y mi abuso de sustancias. No estaba en condición de escucharlos. Para mí, mis vicios ascendían a no más de un par de cervezas al día, el whisky ocasional y tal vez un par de porros. No es que me estuviera despertando abrazado a una botella vacía de vodka, rodeado de un charco de mi propio vómito. No me estaba escondiendo en guaridas de crack, fumando opio, incapaz de trabajar o fuera de control. Cuando fue el turno de Jade, recuerdo haber pensado: *¿Instigaste esto porque crees que no he sido el novio perfecto?* Por supuesto que no. De hecho, se había enterado de la intervención unas horas antes. Pero mi ira y frustración me metieron ideas en la cabeza que no debí haber tenido.

Sin embargo, una carta me pegó fuerte. La escribió a quien menos conocía. Mi abogado, a quien apenas había visto en persona, habló con una honestidad discreta. "Tom. No te conozco muy bien, pero pareces un buen tipo. Lo único que te quiero decir es que esta es la décimo séptima intervención en la que estoy presente en mi carrera, 11 de esas personas están muertas. No seas el doceavo".

Sus palabras atravesaron mi enojo y negación. Y aunque todo aquello me seguía pareciendo una exageración enorme frente a un problema que no existía, su alegato escueto me hizo bajar la cabeza. Ya llevábamos dos horas. Todos habían dicho lo que querían decir. Todos estaban agotados. Nadie más que yo.

—¿Qué quieren que haga? —supliqué.

—Queremos que te sometas a un tratamiento —dijo el intervencionista.

—¿Rehabilitación?

—Rehabilitación.

Si algo deben saber sobre las clínicas de rehabilitación en California es que son caras. Algunas cobran más de 40,000 dólares al mes. ¿Cuarenta mil para quedarme en un centro de rehabilitación contra mi voluntad? No jodas. La sola noción era absurda. Pero la intervención me conmocionó. La presión de hacer lo que me pidieron era inmensa.

—Bien —respondí de mala gana—. Voy a internarme en su cliniquita si es tan importante para ustedes. No voy a tomar durante treinta días, si creen que es un problema tan grande.

Silencio.

—Reservamos un lugar en Malibú y queremos que vayas ahora —dijo el intervencionista.

—Está bien. Voy a mi casa a preparar mis cosas. Voy mañana o pasado.

Sacudió la cabeza:

—No, tenemos un coche esperando. Queremos que vayas ya. Directo. Sin desviaciones.

Parpadeé. ¿Estaban dementes? Esto era un disparate. ¿Estaba tan ido que no podían esperar 24 horas? ¿Qué les habían contado? ¿Cómo carajo llegamos hasta aquí? ¿Tengo voz en todo esto?

Me dijeron, con absoluta claridad, que no, no tenía alternativa.

—Si no recibes ayuda ahora, ya no te podremos seguir representando —dijo uno de mis representantes. Fin de la historia.

—Necesito mi guitarra —dije.

Dijeron que no.

—Necesito una muda de ropa.

Dijeron que no.

Seguí protestando otra hora. Todos seguían inflexibles. Tenía que subirme al coche con el intervencionista y tenía que hacerlo ahora.

Así que al final, cedí. No podía más.

Fue uno de los momentos más surrealistas de mi vida, entregar todo mi control y salir de ese reluciente edificio de cristal en compañía del intervencionista, para subirme a su vehículo. El trayecto a Malibú fue de más o menos una hora. Una hora larga y solemne, sentados lado al lado en silencio. Cuando nos íbamos acercando a Malibú, volteó para decirme:

—¿Quieres que nos paremos por una última cerveza, antes de ingresarte?

Imagino que intentaba facilitarme las cosas, pero en ese entonces no pude comprender su pregunta. Todos me acababan de decir que tenía un problema con las sustancias. No estaba de acuerdo, no entonces, ¿pero por qué me pararía por una cerveza para darles la razón?

—No, no quiero pararme por una pinche cerveza —contesté. Asintió.

—Ok —volvimos a guardar silencio mientras recorríamos kilómetros y yo fumaba un cigarro tras otro, el único vicio con el que no tenían problema. Y, al poco tiempo, emergieron las rejas del centro de rehabilitación.

• • •

El centro se ubicaba en la base de un enorme cañón, había que descender 2.5 kilómetros por una carretera en zigzag, rodeada de los densos bosques de Malibú. Mientras descendíamos con dificultad por esa carretera, me invadió una especie de adormecimiento. Era una zona hermosa. Imponente. Pero me hubiera gustado estar en cualquier otro sitio.

El intervencionista me dejó en la entrada de una gran casa blanca en la base del cañón. Se veía bien, y por 40,000 dólares, más valía. Llevaba horas sin decir palabra. Cuando crucé la entrada del centro de rehabilitación, me sentí en una pesadilla. Me registré. Me esperaban y el hombre grande y calvo me dejó bajo su cuidado.

Una enfermera me sentó y me hizo varias preguntas. ¿Qué sustancias estás consumiendo? ¿En qué cantidad? ¿Con qué frecuencia? Respondí con franqueza, pero todavía creía que era la persona equivocada en el lugar equivocado. No era el tipo que necesitaba un *shot* a primera hora de la mañana solo para tolerar el día. No me estaba metiendo caballo de vez en cuando. Era un gran error. La enfermera registró mis respuestas. Después me dijo:

—¿Te gustaría un alias?

No entendí.

—¿A qué se refiere? —pregunté.

—Mientras estés aquí, tienes que ponerte una etiqueta con tu nombre. Si quieres puedes usar un alias. Como Bob o Sam.

Me cayó el veinte. Me había reconocido y supongo que intentaba ser sensible ante mi situación. Pero no estaba de humor para que me supervisaran.

—Si me reconocen por las películas de Harry Potter será por mi cara, no por lo que lleve escrito en una etiqueta. Podrías escribirme en el pecho que soy el Mickey Mouse de mierda y no van a creer que soy él —respondí.

Comprensiblemente, la enfermera respondió a la defensiva.

—Nos pareció una buena forma de proteger su anonimato —dijo.

Por algún motivo, la sugerencia me sacó de quicio. Respiré profundo para controlar mis emociones.

—No quiero un maldito alias —respondí. Dejamos el tema.

Después tuve que soportar una revisión médica de dos horas. Tomaron muestras de sangre y orina. Me revisaron la presión sanguínea. Soplé en un alcoholímetro. Me alumbraron con linternas en los ojos, me picaron y pincharon. Y después me pusieron en desintoxicación.

La desintoxicación es un proceso para asegurarse de que no haya sustancias en tu organismo antes de empezar tu tratamiento. Todavía tenía un poco de alcohol de la noche anterior, así que me llevaron a una habitación pequeña, muy sencilla y blanca con muebles anodinos y llenos de polvo. Les aseguro que no era el Beverly Wilshire Hotel. Había dos camas y compartí el cuarto con otro tipo. Él llevaba tres días y todavía no estaba sobrio. Yo tenía miedo. No tenía idea de quién era ese hombre. Estaba temblando en su cama, recuperándose del cristal y susurrando incoherencias. Me sentía mal y aturdido. Una noche se me pasaron los whiskeys y de pronto estaba compartiendo cuarto con un adicto al cristal.

Hablamos un poco. No entendí casi nada de lo que me dijo, pero me quedó claro de inmediato que estaba sufriendo mucho más que yo. No me ayudó a atenuar la idea de que no tenía nada que hacer ahí.

Me dieron un sedante, así que esa noche dormí profundo. Cuando desperté, me volvieron a hacer la prueba del alcoholímetro y esta vez salió negativa. Llevaba solo 12 horas en desintoxicación y me dejaron salir. Me enseñaron las instalaciones: la cocina, la estancia, los jardines. Había una mesa de ping-pong. Me recordó lo lejos que estaba de la carpa en los estudios de Potter, en donde Emma me había dado una cachetada de buena gana. Ese recuerdo fue como un puñetazo en el estómago. Pensé mucho en Emma mientras me preguntaba cómo carajo había terminado ahí.

Y desde luego, me presentaron a algunos pacientes, quienes llevaban las etiquetas con sus nombres como si fuéramos a hacer citas rápidas. Enseguida aprendí que la apertura estándar en un lugar como ese era: "¿Cuál es tu DE?". Droga de elección. Cuando la gente me preguntó, respondí que mariguana y alcohol. Cuando me preguntaban, me sentía obligado a preguntar. La mayoría estaba ahí por gustos mucho más serios: heroína, opioides, benzos, cristal, crack. La mayoría también tomaba, pero era secundario a su DE.

No quiero dar la impresión de que esto era como *Atrapado sin salida*. Nadie estaba aventando heces, gritando o teniendo ataques de ira. Sin embargo, los efectos secundarios de las adicciones de estas personas eran extremos y alarmantes. La mayoría temblaba sin control y no te podía sostener la mirada más de un segundo. Arrastraban las palabras. Era inquietante, por decir lo menos.

No solo los pacientes me parecían extraños. Todo el concepto de estar en un centro de rehabilitación estadounidense era insólito para un chico británico de Surrey. La noción de pagar cifras absurdas de dinero para segregarme del resto de la humanidad era incómodo y, para ser franco, excéntrico. Era el más joven en la clínica, pero la clientela no era necesariamente mayor. Asumí que la mayoría provenía de familias adineradas que podían pagarles su estancia. Me dio la impresión de que su crianza estaba a millones de kilómetros de distancia de la mía. Esta no era mi gente. No pertenecía aquí. Y se intensificó la sensación nauseabunda que sentía en la panza.

El desgaste emocional de las últimas 24 horas era inmenso. Eso más los medicamentos que me dieron para mantenerme estable, me pusieron en un estado mental solemne, aislado, casi pasivo. De algún modo acabó el día, de vez en cuando intercambié algunas palabras con los otros pacientes, pero buena parte del día estuve retraído. Si alguien me había reconocido, no lo noté. Supongo que sus propios problemas eran suficientes. ¿Por qué les interesaría el imbécil de la escoba de una película de magos cuando estaban viviendo un inferno?

Llegó la noche. Cené. Vi la puesta del sol en lo alto, sobre la cumbre del cañón. Salí a tomar aire. Solo me quedaba una cajetilla de cigarros y se estaban acabando. Tuve que pedirle a alguien un encendedor. Me habían dicho que, si quería fumar, tenía que sentarme en una de las bancas designadas para ello, pero ignoré la instrucción y me senté en el pasto. Nadie me regañó ni me pidió que me quitara, así que me senté un rato con mi cigarro, contemplando mi situación y los sucesos de los últimos días. Era claro que había llegado a un punto de inflexión en mi vida. Pude no haber estado de acuerdo con las decisiones ajenas que me llevaron a ese lugar. Sin duda, no coincidía en que ese lugar era el adecuado para mí. Pero ahí estaba y tenía que tomar decisiones. ¿Iba a comprometerme con este centro de rehabilitación?

¿O iba a tomar un camino distinto?

Mientras me terminaba mi cigarro, no tenía idea de que las siguientes horas definirían el resto de mi vida. No tenía idea de que llegaría a un nadir espantoso y que tendría que confiar en la bondad de desconocidos para superarlo. Lo único que sabía era que estaba enojado y que no quería estar ahí.

Así que me puse de pie y empecé a caminar.

• • •

Cuando empecé a caminar con grandes zancadas por el camino en zigzag que salía del centro de rehabilitación, nunca creí que mi momento de rebeldía tendría consecuencias. Después de caminar unos cientos de metros, recuerdo pensar que en cualquier momento los guardias de seguridad correrían hacia mí y me taclearían para tirarme al piso, como en el rugby. Me llevarían arrastrando a mi cuarto y fin de la historia.

Pero no llegó nadie. No hubo tacleadas de rugby.

Dos minutos se convirtieron en cinco y cinco en diez. A mis espaldas, el centro de rehabilitación desapareció del horizonte. Seguí andando por el camino escarpado en zigzag, pero incluso para ese punto estaba seguro de que me cacharían. Más adelante habría rejas y cámaras. Habría gente buscándome. En cualquier momento vendrían por mí. Creo que casi quería que me descubrieran. Me daría un pretexto para dirigir mi ira.

Pero nadie apareció. Seguí caminando y caminando. Casi dos kilómetros hacia arriba de la colina. Tres. Llegué a la cima y había una reja. Pude treparla. El terreno era un poco traicionero. Iba vestido como siempre y solo traía unos cigarros. Sin teléfono, sin cartera, sin dinero, sin encendedor. Pero seguí caminando y al poco tiempo, más adelante vi las luces de vehículos en movimiento sobre la carretera: la Pacific Coast. Sabía que al otro lado estaba el océano y siempre he tenido afinidad con el océano. Me llamaba y empecé a caminar en esa dirección.

Se me había metido en la cabeza que me estarían buscando. Adopté lo que solo puedo describir como modo *Grand Theft Auto*. Cada que veía que se acercaba un coche, me agachaba o escondía en un matorral o una zanja, rasguñándome horrible la cara y los brazos. Brinqué bardas y corrí por las sombras hasta que llegué a una playa desierta y salvaje. La luna resplandecía y me di cuenta de que estaba cubierto de lodo, sangre y sudor. Sentí la necesidad de meterme en el agua. De repente, la frustración me hizo estallar. Ahora me doy cuenta de que estaba completamente sobrio por primera vez en siglos, y me acometió una claridad y una ira abrumadoras. Empecé a gritarle a Dios, al cielo, a todos y a nadie, lleno de furia por lo que me había pasado, por la situación en la que me encontraba. Grité a todo pulmón, al cielo y al océano. Grité hasta sacarlo todo y hasta que ya no podía gritar.

Me solté a llorar. Estaba lleno de lodo, mojado, desaliñado y roto. Mi ropa estaba rota y sucia. Debí haber parecido un demente total. Por lo menos así me sentía. A medida que mis gritos hicieron eco en el océano y la nada, por fin me invadió una sensación de calma. Sentí como si Dios me hubiera escuchado. Me centré en una nueva misión. Tenía que regresar al único lugar que parecía normal. Tenía que regresar a Barney's Beanery. No era una misión fácil. Estaba a muchos, muchos kilómetros de West Hollywood. Sin teléfono y sin dinero la única manera era hacerlo a pie.

Seguí caminando con sigilo por la playa, cabizbajo. Pasé franjas de costosas mansiones de Malibú que relucían llamativas en la noche, pero abajo, en el borde del agua, nadie me podía ver. Las playas eran inclinadas y las olas rompían furiosas. No había sendero. Tenía que esquivar el agua, tenía los zapatos y los pantalones empapados, apenas logré mantener secos los tres cigarros que me quedaban. A veces se acababa la playa y tenía que escalar piedras para encontrar la próxima sección de arena. Estaba exhausto, física y mentalmente. Estaba deshidratado. No tenía idea de en dónde estaba ni a dónde iba. West Hollywood y Barney's Beanery parecían estar en donde estaban: a una distancia imposible.

Llegué a una franja tranquila y remota de costa. Un poco al interior había una gasolinería. Avancé como pude. Al salir del océano y acercarme al único edificio a la vista mi fragilidad absoluta debió haber sido evidente. Una sombra de lo que había sido. Lo único que quería era un encendedor. Tal vez ahí encontraría a alguien que tuviera uno.

• • •

Esa noche me salvaron tres personas. Los recuerdo como mis tres reyes. Su bondad me ayudó a regresar a donde necesitaba ir, pero también me motivó a hacer las paces con mi vida y lo que era importante. Cuando entré tambaleándome a la tienda de la gasolinería anodina, no tenía idea que conocería al primero.

No había nadie dentro salvo un anciano indio en el turno nocturno. Cuando le pedí un encendedor, se disculpó en voz baja: "Lo siento, señor, no fumo".

Lo miré aturdido. Después balbuceé las gracias y salí a tropezones de la tienda. Estaba listo para seguir mi camino por la carretera, pero me di cuenta de que el hombre me había seguido afuera.

—¿Está bien? —preguntó.

No sabía qué decir. ¿Cómo le podía empezar a explicar lo mal que estaba? Mejor le pregunté con voz ronca.

—¿Tendrá un poco de agua?

El hombre señaló a la tienda.

—En el refrigerador. Agarre una. Agarre una grande.

Le volví a dar las gracias y me tambaleé hacia la tienda en donde agarré una botella de agua de dos litros. Cuando volteé, el hombre había regresado a su mostrador.

—¿A dónde va?

—West Hollywood —respondí.

—Lejos.

—Sí.

—¿Tiene dinero?

Sacudí la cabeza.

El hombre sonrió. Sacó su cartera, la abrió y sacó un billete de 20 dólares, me di cuenta de que era lo único que traía.

—Tómelo.

Me le quedé viendo, a él y al billete.

—No soy un hombre adinerado —dijo en voz baja—. No tengo mucho dinero. No tengo una casa grande. No tengo un coche lujoso. Pero tengo a mi esposa, a mis hijos y a mis nietos, y eso quiere decir que soy un hombre *rico*. Un hombre *muy* rico. —Me dirigió una mirada penetrante e inclinó un poco la cabeza—. ¿Es *usted* un hombre rico?—preguntó.

Mi reacción instintiva fue soltar una carcajada triste.

—¿Rico? ¡Soy millonario! Y aquí me tiene, pidiéndole una botella de agua y llevándome sus últimos 20 dólares. —Lo que pensé para mis adentros, pero no dije en voz alta, fue: *Pero no soy rico, para nada. No como usted.*

Volvió a sonreír:

—Eso lo acercará a West Hollywood —dijo.

—Le prometo que voy a regresar a encontrarlo para pagarle.

Negó con la cabeza.

—No se moleste. Haga lo mismo la próxima vez que vea a una persona que necesite su ayuda.

Le agradecí profundamente y me fui de la tienda. Su bondad fue un bálsamo, un tónico. Empecé a creer que tal vez triunfaría en mi misión. Seguí caminando por la carretera de la Pacific Coast en una oscuridad total. Cada que pasaba un coche, me hacía a un lado y me escondía en un matorral. Después de un par de kilómetros en mis zapatos empapados, pasó un antiguo Ford Mustang a toda velocidad. Me agaché para esconderme. A unos metros de distancia, vi que el resplandor naranja de la colilla de un cigarro salió volando de la ventana para aterrizar en la carretera. Salí corriendo, desesperado de prender uno de mis cigarros húmedos con esa chispa diminuta. Lo alcancé a tiempo y me fumé los tres cigarros, uno tras otro, prendí cada uno con la colilla del anterior en cuclillas al lado de la carretera. Asentí hacia el cielo y le agradecí a Dios por su intervención divina. Y seguí caminando.

Conocí a mi segundo rey en la siguiente gasolinería, varios kilómetros más adelante. Estaba exhausto, todavía húmedo y sudado, lleno de sangre y cubierto de lodo. Entré tambaleándome a la tienda de la gasolinería y le pregunté al que atendía si conocía a alguien que me podía ayudar. Se negó, se cruzó de brazos y me pidió que me fuera. Se acercaba la medianoche y había un solo coche a la vista, estacionado, era el primer vehículo que había visto en un buen rato. Me acerqué tambaleándome y muy despacio, toqué la ventanilla. El conductor, un joven negro del doble de mi tamaño, la abrió. Empecé a decirle.

—Bro, sé que esto suena raro, pero…

Negó con la cabeza.

—Soy Uber. Si quieres un aventón, resérvame en tu teléfono.

Pero no tenía teléfono. No tenía nada salvo la ropa húmeda y rota que traía puesta y el billete de 20 dólares que me había dado el hombre indio. Inventé una historia absurda: que me había peleado con mi novia y que me había dejado ahí, en medio de la nada. Solo traía 20 dólares. "*¿Por favor*, podría acercarme a West Hollywood hasta donde me alcanzara?". Debí haber parecido lastimoso, y con justa razón, debió haberme visto, negado con la cabeza y subido su ventanilla. Pero no fue así. Me miró de arriba hacia abajo y me hizo un gesto para que me subiera atrás. Nunca se había sentido tan bien un asiento.

—¿A dónde quieres que te lleve? —preguntó.

Le dije que a Barney's Beanery, e insistí que solo traía 20 dólares, que por favor me dejara hasta donde me alcanzara. Pero desestimó mis protestas. Tal vez se dio cuenta de que no estaba en condiciones de llegar caminando a West Hollywood. Quizá, como el hombre indio de la gasolinería anterior, era bondadoso. "Yo te llevo", dijo. Me costó entender su generosidad. ¿Quería que le firmara un libro? ¿Una foto para sus hijos? No. Solo quería ayudar a alguien que lo necesitaba. Me llevó hasta mi destino. Un trayecto de 60 dólares, tal vez más. Le supliqué que anotara su nombre y teléfono para que le pudiera pagar, pero otra vez se negó. "No te preocupes, hombre. Está bien".

Pasaba la una de la mañana cuando me dejó en Barney's. Intenté una vez más pedirle su teléfono para que le pudiera pagar la tarifa adecuada, pero no quiso. Se fue manejando, desapareció en el horizonte y no lo volví a ver.

Volteé hacia Barney's. Era hora de sacar a los borrachos. La mayoría de los clientes ya se habían ido. No podía creer que, gracias a la bondad inesperada de desconocidos, había llegado hasta aquí. Agotado y mugroso, me acerqué tambaleándome a la puerta. Ahí encontré a Nick, el cadenero. Me conocía bien. A fin de cuentas, era mi lugar de siempre. Me miró de arriba abajo, sin duda consciente de que algo no andaba bien. Pero no dijo nada. Se hizo a un lado y dijo:

—Ya es tarde, hermano, pero si quieres entrar por uno rápido…

Entré. Todavía había algunos clientes habituales en el fondo. Lo primero que hice fue ver las bebidas y me di cuenta de que no había tocado una, ni siquiera había pensado en alcohol, casi 48 horas completas. Me quedé con la mirada perdida pensando por qué estaba ahí. En automático, el bartender puso una cerveza en la barra. Por instinto, me acerqué a agarrarla, pero me di cuenta de que no me interesaba para nada. Me alejé de la cerveza y salí por la puerta. Nick estaba corriendo a los últimos clientes. Mientras yo miraba a la nada, me preguntó:

—Hermano, ¿estás bien?

—¿Me prestas 20 dólares? Para ir a casa —dije.

Nick se me quedó viendo fijamente.

—¿En dónde están tus llaves? —preguntó.

—No las traigo, amigo. No tengo nada. —Y al decirlo, recordé la voz del hombre indio en la gasolinería. "¿Es usted un hombre rico?".

—Te vienes conmigo a la casa —dijo Nick—. Vámonos. —No protesté.

Esa noche, cuando Nick me llevó a su casa, se convirtió en mi tercer rey. Era un departamento pequeño, pero cálido, cómodo y muy acogedor. Me senté, me hizo una taza de té tras otra y en el curso de tres horas, me escuchó hablar. Las palabras salieron desbordadas. De mi interior salieron ansiedades que nunca había articulado adecuadamente. Empezó a surgir la verdad de mi situación. Le hice frente a un hecho que me había dado demasiado miedo reconocerme a mí mismo desde hacía mucho tiempo: ya no estaba enamorado de Jade. Ella había sido clave para mantener el éxito de mi carrera, sin lugar a dudas, pero me había vuelto demasiado dependiente de ella, para mi bienestar e incluso para mis opiniones. La situación me había cegado para reconocer una verdad incómoda: ya no sentía lo mismo por ella. Queríamos cosas distintas en la vida. Y no estaba siendo honesto con ella, pero más importante todavía, no estaba siendo honesto conmigo mismo. Si quería salvarme, si quería ser justo con Jade, tenía que contarle la verdad.

En ese punto ya estaba amaneciendo. Más tarde descubrí que la policía había pasado casi toda la noche buscándome. Igual que Jade y mis amigos. En lo que a ellos se refería, yo estaba muerto en algún lugar de los bosques de Malibú o pudriéndome en la celda de alguna cárcel. Al amanecer, le pedí a Nick que me dejara usar su teléfono. Le llamé a Jade y le dije en dónde estaba.

Jade estaba absolutamente aliviada de escuchar mi voz y saber que estaba bien. Fue por mí. Fuimos a la casa. Me senté con ella y le expliqué cómo me sentía. Fue emotivo y duro. Con una sola conversación estaba cambiando el curso de nuestras vidas. Lo que dije no es algo que se puede decir o escuchar a la ligera. Le aseguré que no había nada que no haría por ella el resto de su vida, y lo dije en serio. Pero me había perdido y necesitaba reencontrarme. Aceptó mi explicación con gracia, quizá más de la que merecía. Y de esa forma terminó nuestra relación.

Pasé la noche intentando regresar a casa y había caído en cuenta de que aún no llegaba. La intervención había sido inquietante. Me había molestado y confundido, pero empezaba a comprender que había sido bienintencionada y que necesitaba buscar ayuda. Lo haría por mi cuenta.

27.

TIEMPO BIEN INVERTIDO

o

VERSIONES DE MÍ MISMO

Rehabilitación. La palabra carga un estigma y no creo que debería. Las pocas semanas que dediqué a reconectar conmigo mismo fueron las mejores y más importantes de mi vida, aunque en ese entonces no lo valoré, para nada. Mi intervención había sido dolorosa y humillante. La primera clínica en la que terminé no había sido adecuada para mí. Sin embargo, en retrospectiva, me alegra haber vivido esa experiencia porque me llevó a ciertas epifanías que cambiaron mi vida para bien. No creía que mis adicciones merecieran una intervención, pero me alegra que haya ocurrido porque me distanció brevemente del mundo que me estaba causando infelicidad, y me permitió recobrar cierta claridad. Me di cuenta de que todos los presentes el día de mi intervención habían estado ahí porque se preocupaban por mí. No por mi carrera, no por mi valor. Se preocupaban por mí.

Después de esa conversación difícil con Jade decidí internarme en un centro en el corazón del campo californiano, en medio de la nada. Era más pequeño que el anterior, un centro que dirigía una familia que atendía a no más de 15 pacientes a la vez. No era una clínica, más bien un santuario para jóvenes con dificultades. Había dos casas, una para chicos y otra para chicas. La mayoría de los pacientes tenía dificultades con medicamentos a la venta con receta médica, y el alcohol era secundario. No eran las personas gravemente enfermas con las que me habían obligado a convivir tras la intervención. Esto no quiere decir que no tenían problemas: por supuesto que sí, y enseguida me di cuenta de que sus problemas eran más serios que los míos. Sin embargo, de inmediato conecté con ellos. No me sentía tan fuera de lugar ahí.

De repente, mi día tenía una estructura rigurosa, y noté que lo había extrañado. Durante toda mi infancia, en el set de Harry Potter, me impusieron la estructura sin que me diera cuenta. Me dijeron a qué hora llegar, en dónde pararme, a dónde ver, qué decir. Esa certeza da cierta paz, y cuando es parte de tu vida tantos años, su ausencia te puede desorientar. Y la había recuperado. Despertábamos al amanecer para dar las gracias, en ese ritual nos sentábamos en círculo y alguien leía un poema, proverbio u oración para establecer nuestras intenciones para ese día. Se trataba de objetivos modestos, realizables: por ejemplo, pude haberme comprometido a ser menos respondón (mi descaro de toda la vida). Desayunábamos, y dedicábamos el día a clases de una hora, con descansos de cinco minutos para tomar el aire fresco. Algunas eran sesiones grupales, otras individuales. Terapia cognitivo conductual, hipnoterapia, terapia individual. A veces reíamos o llorábamos y hablábamos con apertura y honestidad entre nosotros sobre lo que pensábamos, nuestros problemas y por qué estábamos ahí.

La parte más memorable del tratamiento era cuando nos dejaban salir del centro para trabajar como voluntarios en un *food truck* para personas en situación de calle en Venice Beach. Disfrutaba mucho la camaradería de los voluntarios. Algunos provenían del centro, otros eran locales, había viejos, jóvenes, pero a todos nos unía la voluntad para ayudar a los necesitados. No importaba quién eras o qué habías hecho, siempre y cuando quisieras ayudar. Me encantaba. (Incluso aprendí a hacer un burrito, una palabra que solo había escuchado viendo *Beavis y Butt-head* con Ash).

Todos éramos perfectos desconocidos en tratamiento, y cada uno vulnerable a su manera. En un entorno así, es fácil desarrollar vínculos cercanos. Íntimas como una familia. En cuestión de días, te empiezan a preocupar tus compañeros. Es una experiencia transformadora en sí misma. Antes, había días en casa en los que no me podía parar de la cama, nada me apasionaba. Y era incapaz de mostrarme empático con nadie más porque mi propia situación me consumía. Aquí, pintar mi guitarra con un desconocido o enseñarle algunos acordes en el ukulele, se volvió lo más importante en mi vida cotidiana. Todos éramos tan honestos que terminamos preocupándonos más por los demás que por nuestros propios problemas: la principal herramienta para la salud mental. De repente, tenías la capacidad de poner en perspectiva todo lo que te agobiaba.

·   ·   ·

Las reglas en rehabilitación me hacían bien. Me ayudaron a reencarrilarme. También fueron mi ruina. Porque, enfrentémoslo, las reglas nunca han sido lo mío.

El espacio personal era importante. No nos permitían tocarnos. Las muestras de cariño estaban prohibidas. ¿Abrazos? Olvídalo. En ese entonces se me hacía raro, pero ahora lo entiendo. Sin embargo, acababa de terminar una relación de largo plazo y estaba rodeado de chicas guapas, una sobre todo. En un par de ocasiones, las terapeutas me encontraron besuqueándome con ella en un costado del edificio cuando se suponía que debíamos

TOM FELTON

estar vaciando los botes de basura. Una tarde cometí el pecado vital de entrar a la casa de las chicas y a su habitación. La verdad no tenía planeado nada perverso. Había estado muy callada en la cena y solo quería saber si estaba bien. Cuando escuché que tocaron a la puerta, me aterró la idea de que me descubrieran y regañaran. Me tiré al piso y me escondí debajo de la cama. Se abrió la puerta. Contuve el aliento. Vi un par de zapatos caminando hacia mí. Se detuvieron al borde de la cama. Se produjo un silencio incómodo y de repente se apareció la cara volteada de una mujer. Le mostré mi sonrisa más encantadora, moví tantito la mano para saludarla y dije con voz aguda:

—¡Hola!

—¿Qué es esto?

—¡Nada!

—¿Por qué estás debajo de su cama?

—¡Por nada!

Tengo que reconocer que no se veía bien. La mujer me miró decepcionada, muy parecido a cómo me miró mi mamá cuando me arrestaron aquella vez.

Al otro día me dejaron hacer la locución para una animación. Llevaba tres semanas en tratamiento en el centro. Estaba completamente sobrio, tenía la mente más nítida que nunca, los engranes bien engrasados, muy positivo. El intervencionista pasó por mí y me llevó al estudio. Cuando terminé estaba soñado. Pero antes de entrar al coche me avisó que no me permitirían continuar mi tratamiento. Tendría que regresar al centro, mis cosas ya estaban empacadas, e irme sin despedirme de nadie. Mis payasadas de adolescente no les habían hecho gracia.

Estaba triste y enojado también. Me puse a llorar y pateé la reja. Cuando regresamos al centro les rogué que no me echaran. Pasé horas recitando todos los motivos por los que debían permitirme quedarme. Me desplomé al piso llorando. Intenté convencerlos de que se estaban equivocando y que me portaría mejor. Pero fueron inflexibles. Había roto demasiadas reglas demasiadas veces, argumentaron. Estaba alterando la recuperación de los demás. Tenía que irme.

Pasé la semana siguiente aturdido. Había vivido en un mundo completamente nuevo con un grupo de personas a quienes quería mucho. De pronto, ya no podía ser parte de ese grupo y los extrañaba. Sin embargo, esas semanas me habían cambiado la vida. Me di cuenta de que antes había existido en un estado de adormecimiento total. No es que hubiera estado dispuesto a tirarme de un puente, sino que tirarme de un puente y ganarme la lotería parecían resultados equivalentes. No me interesaba nada, ya fuera bueno o malo. Me pudieron haber dicho que iba a ser el siguiente James Bond y no me habría importado. Ahora, había recuperado todas mis emociones y eran muy potentes, mejor que nunca. Algunas eran buenas. Algunas malas. Pero era mejor que no sentir nada.

• • •

Me podían pedir que me fuera del centro de tratamiento. Me podían prohibir que me despidiera de la familia que tenía ahí. Pero no me pudieron impedir que trabajara como voluntario todos los jueves en el *food truck* en Venice Beach.

No sabía que más hacer o a dónde ir. El paseo marítimo de Venice Beach puede ser un lugar intimidante lleno de personas intimidantes, sin casa o con dificultades. Cuando les ofreces comida gratis desde un camión, las respuestas son tímidas, sospechosas. Pero después lo agradecen mucho y me parecía muy satisfactorio ser parte de eso. Sin embargo, me sentía sin rumbo, así que cuando me encontré con un antiguo amigo mientras trabajaba como voluntario en el paseo, y me invitó a su casa a cenar esa noche, acepté agradecido.

Se llamaba Greg Cipes: actor, actor de voz y activista moderno de los animales y el planeta. Vivía en un departamento pequeñito en el paseo con su perro Wingman. Es vegano. No toma y no fuma. Es el hombre más limpio y tolerante que he conocido. *Me podría quedar aquí unas cuantas noches*, pensé. Unas cuantas noches resultaron ser unos cuantos meses, dormí en su tapete de yoga en el piso, a veces percibía el ruido desconcertante del paseo y Wingman me despertaba todos los días a las seis de la mañana lamiéndome la cara. Esa época reprogramó quien era como individuo.

Greg nadaba en el océano porque decía que era como reiniciarse. Me enseñó que siempre tomabas mejores decisiones después de un reinicio. Al principio me resistí, pero tras un par de semanas adopté su filosofía. Nos reiniciábamos por lo menos dos veces al día, en las mañanas y las tardes. Antes de entrar corriendo al mar, elevábamos las manos hacia el cielo, decíamos una plegaria corta, respirábamos profundo tres veces y salíamos corriendo, gritando como los niños que somos en el fondo. Greg también me enseñó que cuando estás saliendo del agua tienes que levantar las manos hacia el cielo y dar las gracias, para mostrar gratitud por todo lo que tienes en la vida. Greg me contó que había visto a Einstein en un sueño, le dijo que irnos de la playa caminando hacia atrás crearía nuevas vías neuronales. Así que siempre nos íbamos de la playa caminando hacia atrás, viendo el mar, recogiendo basura de camino. "Intenta dejar el medio ambiente mejor de lo que lo encontraste", me decía.

A Greg también le gustaba hablar con las gaviotas. Al principio me parecía ridículo. En una voz muy amigable y muy aguda les decía: "¡Están hermosas! ¡Qué buen trabajo!". De inicio no participé, y para ser honesto, creí que estaba un poco chiflado. Después me contó su teoría sobre las gaviotas, son las aves más inteligentes del mundo. Cuando le pregunté por qué, me respondió: "¿Qué otra ave conoces que pase tanto tiempo en la playa?". No lo podía negar y ahora, cada que estoy en L.A., hago todo lo que describí arriba.

Algunos creen que Greg está un poco loco. Tiene el pelo largo, es hippie, usa ropa excéntrica hecha en casa y siempre va con Wingman —a quien llama su gurú—, habla despacio y con mucha calma, a veces dice oraciones enigmáticas. Pero nadie me ha demostrado tanta bondad, generosidad y comprensión incondicionales. Nadie me ha enseñado más sobre mí mismo y me sigue enseñando continuamente maneras para encontrar la luz.

Greg argumentaría que él no me enseñó nada. Que solo fue un testigo.

•   •   •

Después de un par de meses con Greg, decidí, a los treinta y un años, conseguir mi propia cabaña en Venice Beach y empezar mi vida de nuevo. Me compré ropa nueva, sobre todo de tiendas de segunda y, sobre todo, con estampados florales. Rescaté a un labrador llamado Willow. Pude disfrutar ser yo mismo otra vez. No Tom la celebridad con la casa en las colinas. No Tom con el Lamborghini anaranjado. El otro Tom. El Tom que tenía buenas cosas que ofrecer. Iba a la playa todos los días. Acepté trabajos actorales que quería hacer, no me dejé presionar por la opinión de los demás sobre qué debería estar haciendo. Lo más importante, retomé el control de mis decisiones. No salía solo por salir o porque la gente me decía que lo hiciera. La vida era mejor que nunca.

Así que cuando un día, un par de años después, regresó el adormecimiento, sin previo aviso y sin un detonante en particular, fue un golpe duro. No parecía haber motivo. De repente, y de manera inesperada, me parecía casi imposible encontrar motivos para levantarme de la cama. De no haber tenido que cuidar a Willow, seguro casi no habría salido de las cobijas. Soporté la sensación un tiempo, me convencí de que pasaría, pero terminé aceptando que no sería así. Decidí que tenía que hacer algo proactivo para dejar de sentir, o *no* sentir, de aquella forma.

La primera vez, me había resistido a la noción de rehabilitación. Pero ya no era el mismo, había aceptado mi predisposición genética para estos cambios de ánimo, en vez de negarme a reconocerlos. Cedí todo mi control y con ayuda de mis amigos, encontré en dónde pedir ayuda. Con total honestidad puedo decir que fue una de las decisiones más difíciles que he tenido que tomar. Pero el hecho de que pude reconocerme a mí mismo que necesitaba ayuda —y que haría algo al respecto— fue un momento definitivo.

Cuando se trata de estos sentimientos, no estoy solo. Así como todos experimentamos mala salud física en ciertos momentos de nuestras vidas, también todos experimentamos mala salud mental. Y no hay que avergonzarse. No es señal de debilidad. Y parte del motivo por el cual decidí escribir estas páginas es la esperanza de que, al compartir mis experiencias, pueda ayudar a alguien más que la está pasando mal. En el primer centro aprendí que ayudar a los demás es una herramienta poderosa para combatir los trastornos del estado de ánimo. Otra herramienta efectiva es hablar de todas tus emociones y pensamientos, no solo los agradables. Esto me costó menos trabajo en la cultura estadounidense. Los británicos somos más reservados y, a veces, hablar de nuestros sentimientos parece indulgente. De hecho, es esencial. Así que, ahí va. Ya no me da vergüenza levantar la mano y decir "No estoy bien". Al día de hoy, nunca sé con qué versión de mí mismo voy a despertar. Puede suceder que la tarea o decisión más minúscula —lavarme los dientes, colgar una toalla, decidir entre té o café— me abrume. A veces, resulta que la mejor manera de sortear el día es trazando objetivos diminutos, realizables, que me lleven de un minuto al otro. Si a veces te sientes así, no estás solo, y te invito a hablar al respecto con alguien más. Es fácil disfrutar el sol, no lo es tanto disfrutar la lluvia, pero uno no existe sin lo otro. El clima siempre cambia. Los sentimientos de tristeza y felicidad merecen en la mente el mismo tiempo en pantalla.

Lo cual nos lleva de vuelta al concepto de rehabilitación y el estigma que tiene la palabra. Para nada quiero presentar la idea de terapia como algo casual —es un primer paso muy difícil de dar— pero sí quiero hacer mi parte por normalizarla. Creo que todos necesitamos ayuda de una u otra manera, así que, ¿por qué no sería normal hablar abiertamente sobre cómo nos sentimos? "Estoy contento porque ganamos el fut", "Estoy encabronado porque el réferi no dio ese penal", "Me emociona mucho ver a quién fichan". Si somos tan apasionados para hablar y escuchar de algo como el futbol, por ejemplo, ¿por qué no hacer lo mismo sobre lo que no se dice? "No me podía levantar en la mañana porque me sentía abrumado", "No sé qué estoy haciendo con mi vida", "Sé que soy amado, ¿entonces por qué me siento tan solo?". En vez de considerar la terapia como una consecuencia urgente a raíz de excesos o enfermedades, deberíamos verla por lo que es: una oportunidad vital para tomarnos tiempo fuera de las voces en nuestra mente, las presiones del mundo y las expectativas que ponemos en nosotros mismos. No tienen por qué ser 30 días en un centro de rehabilitación. Pueden ser 30 horas en el curso de un año para hablar con alguien de nuestros sentimientos, o 30 minutos para establecer intenciones positivas para el día o 30 segundos para respirar y recordarnos que estamos aquí y ahora. Si la rehabilitación es tiempo que dedicamos a cuidarnos, ¿cómo no va a ser tiempo bien invertido?

Epílogo

LO CUAL NOS TRAE DE VUELTA AL PRESENTE Y A LONDRES, EN DONDE vivo. Mientras escribo estas páginas, mis aventuras en L.A. quedaron atrás y de algún modo parece que cerré un círculo. Mi vida es más estable. Es más ordinaria. Me despierto todos los días, muy agradecido, en mi casa entre los densos páramos del norte de Londres. Me pongo mis audífonos para escuchar las noticias mientras paseo a Willow, quien parece buscar ardillas sin descanso. Regresando a casa me preparo un sándwich de jamón con queso (sigo teniendo el paladar de un niño de nueve años) y me dedico a leer guiones o tocar música. Después me monto a mi bici para ir a West End, en donde estoy actuando en el teatro por primera vez en la vida.

La obra es *2:22 A Ghost Story*, y antes de cada actuación, cuando me preparo para salir al escenario, es inevitable reflexionar sobre la importancia que han tenido las historias en mi vida y el valor que tienen para tanta gente. Sería sencillo desestimarlas. Casi lo hice cuando, hace dos décadas, me formé con un grupo de niños aspirantes que querían participar en la historia de un niño que vivía en un armario debajo de las escaleras. No me parecía

315

una historia tan interesante. Para ser honesto, sonaba un poquito ridícula. Ahora, desde luego, veo las cosas de otra manera. Vivimos en un mundo en donde, cada vez más, necesitamos formas para unirnos, formas para erigir puentes y sentirnos como uno solo. Me sorprende que muy pocas cosas han conseguido esos objetivos con el mismo éxito que el mundo genial de Harry Potter. No pasa un día sin que no reciba un mensaje de fans de todo el mundo que me lo digan.

Ser parte de esas historias es una lección de humildad y me parece un honor extraordinario. Me invita a ser más ambicioso que nunca para aprovechar el poder del arte y la narración para pasarle el bastón a otra generación.

Hay personas a quienes les sorprende que nunca he releído los libros de Harry Potter, o ni siquiera he visto las películas completas después de los estrenos. De vez en cuando he estado frente una televisión con algunos amigos y transmiten una de las películas, lo que suscita la broma obligatoria de "el odioso de Harry Potter" y "el imbécil de la escoba". Pero nunca me he sentado a propósito para verlas, de principio a fin. No tiene que ver con la falta de orgullo. Todo lo contrario. Las estoy guardando para el momento que más ansío en mi futuro: un día compartirlas —primero los libros, luego las películas— con mis pequeños *muggles*.

Hace varios años, aquella noche que me escapé del centro de rehabilitación y caminé solo y confundido por la costera de Malibú, el primero de mis tres reyes me hizo una pregunta: "¿Eres un hombre rico?". No supe cómo contestar. No estoy seguro de haber entendido bien la pregunta. Me contó que él era un hombre rico, no porque tuviera riqueza sino porque tenía a su familia. Sabía lo importante en la vida. Sabía que ninguna cantidad de dinero, fama o elogios le satisfarían. Sabía ayudar a los demás y, de manera natural, lo transmitía a otros. Ahora también lo entiendo.

La única moneda que vale en esta vida es el efecto que tenemos en quienes nos rodean.

Sé que mi vida ha sido afortunada. Siempre agradeceré y siempre estaré orgulloso de las películas que me dieron tantas oportunidades. Me enorgullecen más los fans que mantienen la llama del mundo de los magos más viva que nunca. Y todos los días intento recordar lo afortunado que soy de tener mi vida. Una vida en la que el amor, la familia y la amistad ocupan la primera fila. Reconozco que la importancia de estos aspectos es una de las grandes enseñanzas de las historias de Harry Potter. Darme cuenta de esto es lo que me hace un hombre muy rico de verdad.

EL CAPÍTULO
PERDIDO

o

¿TIENES IDEA
DE QUIÉN CREO
QUE SOY?

Si soy sincero y si soy honesto,
Si es que habla mi corazón,
Veo esperanza y también promesa,
Un nuevo mundo que a mí me espera.

"*Más perdido*" de TOM FELTON

ME GUSTARÍA LLEVARLOS A UNA GLAMUROSA FIESTA DE NAVIDAD EN Hollywood Hills.

¿Están nerviosos? ¿Se sienten un poco fuera de lugar?

No se preocupen, yo también.

Es 2013. Acabo de empezar a rodar *Murder in the First*, la serie de tele por la que originalmente me mudé a L.A. El anfitrión de esta fiesta es Steven Bochco —tristemente fallecido— y creador de muchas series clásicas de Hollywood de crimen como *El precio del deber* y *Se hará justicia*. Había llegado a la ciudad hacía poco, no conocía a mucha gente y Steven fue muy amable conmigo desde el principio: era un hombre amigable, centrado en su familia y apasionado de la industria. Como pieza clave de Hollywood, en sus fiestas de Navidad estaba la crema y nata del medio, pero al entrar se sentía un ambiente cálido y cómodo.

Así que entré a casa de Steven sintiéndome un poquito fuera de lugar, pero muy bienvenido. El efecto de una copa de espumoso y un *fondue* de chocolate sobre tu seguridad es increíble. Piqué y tomé un poco, y también me quedé parado en una esquina otro poco. Después me sumé a una conversación. Todos parecían encantadores. Empecé a pensar, *Tal vez está bien. Tal vez resulta que me puedo defender bien en Hollywood. Tal vez todavía no debería pensar en regresarme a Inglaterra.*

Con la edad, mejora la visión periférica. Tal vez mejora cuando estás detectando a bravucones en la escuela. Tal vez mejora cuando aprendes a manejar. Pero sin duda se activa de manera singular cuando sabes que te reconocieron. Ahí parado me percaté de un hombre calvo y bajito en un traje elegante cruzando el salón muy decidido. Iba directo hacia mí. Sin duda.

Segundos más tarde estaba parado frente a mí, sonriendo, irradiando entusiasmo y amabilidad. Me dirigió una mirada familiar. *Muy* familiar. Una mirada que decía: Te *conozco*. Sonreí. Sonrió más. Sentí su calidez. Me sentí un poco más en casa. Me dio la mano. "Qué gusto conocerte. Me da *muchísimo* gusto conocerte. Me *fascina* tu trabajo. ¿Cómo te va en L.A.?".

—Ya ve, instalándome, disfrutando —contesté con toda timidez británica.

—Qué bueno. *Buenísimo.* —Sacó una tarjeta de presentación y me la dio—. Si alguna vez necesitas algo, *lo que sea*, llámame. —Vi la tarjeta. Tenía su nombre arriba de las palabras "Abogado". *Puede ser útil*, pensé.

—Mira, voy a ser muy honesto, hermano. Directo. Somos tus fans absolutos. Toda mi familia. Estamos obsesionados.

—Gracias —respondí con timidez.

—No, no, no, no entiendes. En la casa *siempre* la vemos. Todos los días vemos tu cara.

—Qué halago.

—Tengo dos hijos. Nunca se ponen de acuerdo para nada, pero los dos Te Aman.

—Qué gusto. Supongo que crecieron con la historia.

—*Claro* que crecieron con la historia. Todas las noches la ponemos. —Me agarró del brazo—. Espera, no te muevas. Tengo que traer a mi esposa y mi hija. Van a querer una foto.

Se fue corriendo a buscar a su familia. Me quedé ahí parado. Me empecé a sentir sentimental y, he de decir, satisfecho conmigo mismo. Uno de los peces gordos de L.A. admiraba mi trabajo y ahora había ido por su familia para tomarse una selfie conmigo. Mi noche iba mejorando. De pronto la situación ya no me parecía tan intimidante.

Llegaron su esposa e hija.

—*Dios* mío —dijo su esposa—. Qué impresionante cómo retrataste a ese personaje.

—Ah, gracias —respondí rezumando modestia—, lo intenté.

Me sonrió encantada. ¿La hija? No tanto. Sonreía, pero con la ceja arqueada con un toque de sospecha. Se lo atribuí a que era una adolescente y quería parecer cool.

—¿Bueno, y cuál es su favorita? —pregunté para seguir hablando de cualquier cosa.

La esposa frunció el ceño, como si le hubiera pedido que eligiera a su hijo favorito. Después de contemplarlo detenidamente, respondió:

—Vamos a ver… la temporada tres.

¿La temporada tres? Qué curioso decirle así a *El prisionero de Azkaban*. Bueno, diferencias culturales. Estos estadounidenses tan *chiflados*.

La familia se juntó a mi alrededor. El abogado le dio a alguien su teléfono para tomar la foto.

—Anda —me dijo, dándome un codazo en las costillas.

—¿Qué?

La hija dijo:

—¡Di la frase!

¿La frase? ¿A cuál frase se referían? ¿Querían que les dijera apestosos sangre sucia? ¿O que les dijera que mi padre se iba a enterar de esto?

Conforme levantaron la cámara, me preparé para decir mi mejor versión de "¡*Pottah!*" Pero el abogado se me adelantó y dijo su mejor versión de "la frase". Gritó:

—*Yeeaahhh, bitch!*

Me quedé helado. Como venado cruzando la carretera. De pronto me di cuenta de que no era quien creían que era. No creían que estaban con Draco Malfoy. Creían que estaban compartiendo un momento con Jesse Pinkman de *Breaking Bad.* Creían que era el actor Aaron Paul.

—¡Dila! ¡Di la frase!

Entré en pánico. Sonreí para la cámara, levanté los dos pulgares, hice una expresión un poco demencial y grité:

—*YEEAAHHH, BITCH!*

Clic.

La familia estaba eufórica. Al parecer les hice la noche. Incluso la hija parecía contenta. Consiguieron su selfie con el fabuloso Aaron Paul y yo no tuve el valor de decirles que se habían equivocado. Era demasiado tarde.

No sé cómo, pero logré unos minutos más de conversación agradable. La familia se despidió. Los abracé como a viejos amigos. Al día de hoy no sé si se dieron cuenta de que estuvieron tomando con Draco y no de fiesta con Pinkman.

• • •

Vámonos más atrás.

Es 2012 y estoy hospedado en un hotel, es uno de mis primeros viajes a L.A., y creo que esto hacen los actores exitosos. L.A. se siente genial y, no voy a mentir, al principio, cada que paso por el lobby, espero que me reconozcan. ¿Adivinen qué? Nadie me pela. Me siento completamente anónimo. Al principio, me gusta, hasta que caigo en cuenta de que nadie tiene idea de quién soy.

Hasta que una noche, estoy formado en el McDonald's inmenso en Sunset Boulevard para comprar un combo grande de nuggets y una hamburguesa. Estoy haciendo fila muy paciente, como buen británico, con los audífonos puestos, cuando siento que me tocan el hombro derecho con fuerza. Me quito los audífonos y veo a una mujer emocionada, indecisa.

−¿Te puedo ayudar?

−Lo siento mucho… qué pena preguntarte… ¿Eres…?

Empiezo a asentir. A sonreír. Sé lo que va a decir.

Mira alrededor, baja la voz.

−¿No eres Ryan Gosling, o sí?

Me carcajeo. ¿Me estaba tomando el pelo? Al parecer, no. Le pedí que lo pusiera por escrito porque incluso yo me desmayé con Ryan Gosling en *The Notebook*.

(No me han vuelto a confundir con él desde entonces, pero la esperanza muere al último).

• • •

Y regresamos. Barney's Beanery. Me estoy tomando una pinta fría, helada. Se acuerdan de Barney's Beanery, ¿verdad? El lugar al que voy para alejarme de todo. Estoy acomodado en el bar, platicando con los locales, cuando se me acercan dos tipos. Tienen esa mirada en la cara. Al fin uno de ellos se anima:

—Y, ¿cuál es tu favorita?

—Todas me gustan. Todas son historias fantásticas.

—Nos encanta en la que tu papá…

—Sí, Jason, un encanto…

—… tiene que tirar el sillón en el basurero.

Parpadeo. Los miro perplejo. No es que sea una enciclopedia andante de trivia de Potter, pero estoy *segurísimo* de que Lucius nunca hizo eso. Hubiera puesto a Dobby a hacerlo.

—Creo que me están confundiendo —respondo.

—¿No eres el de *Malcolm el de en medio*?

—Ah, no. No soy.

Se miran, me miran. Sonríen.

—Viejo, *tienes* que decir que eres el de *Malcolm el de en medio*. Todo mundo se querría acostar contigo…

Vuelvo a parpadear. Los vuelvo a mirar perplejo. Considero. *Podría decirles, podría decir: "Chicos, no quiero ser un patán, pero tal vez me reconocen de…".*

Pero no lo hago. Respondo, con todo el tacto posible.

—Sí, buena idea, amigos. A lo mejor lo hago.

Y con toda tranquilidad regreso a mi pinta.

• • •

Vegas. El lobby ajetreado de un hotel. Estoy con mi amigo Richie y su familia en un viaje para celebrar que cumplimos veintiuno. Llevo el pelo rubio de Draco. Alguien grita: "¡Eminem!".

WTF. ¿En dónde? Volteo a todos lados. La gente está agitada. Todos lo buscan. *Yo* lo busco. ¿Me gustaría conocer al villano rubio original? *Yeah, bitch,* como diría mi amigo Jesse Pinkman. Así que Richie y yo escaneamos el lobby hasta que siento que me jalan la manga. Bajo la vista y me encuentro a un niño de nueve años, con los ojos como platos, apretando una libreta de autógrafos. Me pide mi autógrafo con timidez, así que me arrodillo para ponerme a su altura, hablamos un poquito, le firmo su libreta mientras todo

el mundo en el lobby está enloquecido buscando a Marshall Ma-
thers. Le regreso la libreta y el niño me dice.

—¿Sabes qué? Sí te pareces a Eminem. —(Creo que ha sido
lo más cool que alguien me ha dicho en la vida).

Richie y yo intercambiamos miradas. Richie asiente.

—Un poco, eh.

Y me cae el veinte. Como dicen, hora de salir corriendo. Dis-
cretamente nos escapamos de la multitud y salimos del lobby, dejamos a los emocionados caza-famosos que siguen creyendo que
el mismísimo dios del rap camina entre ellos...

• • •

Les cuento estas anécdotas ahora, en páginas que escribí después
de que se publicara mi libro, por una razón.

Cualquiera con presencia pública se acostumbra a que lo reconozcan o a que lo confundan. Puede ser emocionante o frustrante, te puede despegar de la tierra o hacerte aterrizar. Te puede
confundir. Porque cuando la gente te confunde con tu personaje,
o por el personaje de alguien más, o por otra persona completamente distinta, llegas a un punto en el que tú mismo empiezas
a cometer ese error. Alguna vez, un actor mayor me compartió
una frase que a veces utiliza cuando la gente lo reconoce, o lo reconoce a medias: "*¿Tienes idea de quién creo que soy?*". Puede ser una
respuesta encantadora para aliviar un momento incómodo, pero
también sugiere una verdad más profunda: a menudo, las personas
públicas no tenemos idea de quién creemos que somos. Nuestro
sentido de identidad está distorsionado. Nuestra visión, borrosa.

Antes de publicar este libro, no estoy seguro de que nadie
supiera quién yo creía ser. Para ser honesto, ni yo estoy seguro
de haberlo sabido. El motivo de esta actualización es registrar un

cambio que noté desde que se publicó el libro, gracias a ustedes, lectores, los *muggles* que me trajeron hasta este punto.

En el curso de los últimos veinte años, nunca he dudado de por qué la gente me reconoce. Era, y sigo siendo, la representación física de un recuerdo maravilloso que tienen de haber leído o visto las historias de Harry Potter. Incluso cuando los fans me confunden con otro actor, estoy seguro de que inconscientemente, como que algo les dice que soy Draco.

Nunca se me ocurriría resentirlo, pero el punto es que esos recuerdos tenían todo que ver con Draco y nada que ver con Tom. Aunque siempre ha sido así, puede ser confuso. Puede nublar la respuesta a la pregunta, "¿quién soy?".

Pero cuando salió mi libro, y me fui de gira para presentarlo, pasó algo que no esperaba. Detecté un cambio en la gente. Quienes fueron a las presentaciones parecían conocerme no solo por ser Draco, sino por quien soy *en verdad*. Sabían de mi música, mis hermanos, mi mamá, mi papá y mi abuelo, las obras de teatro y mis perros. De pronto me sentí un poco menos un recuerdo de su infancia. Me sentí como una persona que tiene más logros pendientes. Me dio la impresión de que podía pensar en el futuro en vez de siempre pensar en el pasado.

Si eres una de esas personas, gracias.

Siempre, siempre insistí en que, si iba a contar mi historia, lo haría con total apertura y honestidad. Para mí, era un proceso catártico, una especie de terapia. Casi que el producto final —el libro que tienes en las manos o la historia que estás escuchando— no era el punto. Compilar años de garabatos en mis libretas y darles una forma coherente se volvió un objetivo personal tan importante que, cuando terminé, olvidé por completo que había hecho pública esa versión de mi vida. Cuando me preguntaban: "¿Cómo está Willow?" o por mi intervención o temporadas en rehabilitación, me confundía un momento. ¿Cómo *saben* de todo eso? A veces me tardaba en recordar: "Este... ¡porque le contaste a todo el mundo!".

Así que me llevé una grata sorpresa cuando la reacción ante mi historia no solo cambió cómo me sentía conmigo mismo, sino también que las partes que me parecieron más difíciles de escribir parecían ser relevantes para los demás. Más que eso, les ayudaron. Me llevó a pensar que, en cierto sentido, *todos* estamos perdidos, pero para parafrasear la línea de una canción que escribí, algunas personas están más perdidas que otras. Saber que una persona pueda sentirse un poquito menos perdida después de haber leído sobre mis experiencias me llena de más alegría de la que puedo expresar. Saber que podrían compartir con otras personas lo que se han llevado de mi historia, y que la ola de positividad puede ser interminable, es casi demasiado intimidante. Pero parece que eso pasó.

El cariño y el apoyo que he recibido de personas de todo el mundo, que se difundió en internet, me dejó perplejo. Aunque soy consciente de que las interacciones de algunos, dentro y fuera de la comunidad de Harry Potter, no son tan positivas. Y como parte de ese mundo, me ha hecho pensar en la responsabilidad mutua que tenemos cuando nos expresamos en público.

Vivimos en una época en la que todos tenemos una plataforma, si la queremos. El nuestro es un mundo en el que se puede publicar la opinión de cualquiera con un clic o deslizar el dedo en un smartphone. Antes, la carta de un fan tardaba tres meses en llegar, la respuesta tardaba lo mismo. Ahora las interacciones de ese tipo transcurren en segundos. La velocidad con la que esto ha ocurrido, el ritmo con el que el mundo ha cambiado, es aterrador. Me parece que cuando las cosas cambian rápido, tenemos que aprender igual de rápido. Pero no estoy seguro de que hayamos aprendido lo suficientemente rápido. El internet es una herramienta increíble para crear comunidades y reunir a personas apasionadas. Podemos hablarle a cualquiera, en todas partes, al mismo tiempo. Esto nos concede un poder inmenso para influir en el bienestar de los demás, para bien y para mal. Como cualquiera que conoce las historias de Harry Potter entiende muy bien, el poder debe usarse con sabiduría.

Pero en algún punto, creo que tal vez esto se nos olvidó. A veces, el lado más oscuro del internet puede eclipsar sus beneficios, me refiero al troleo, la violencia y el odio. A opiniones que se comparten en el ardor del momento sin pensar en la persona que alberga la opinión opuesta. Sé, por experiencia, que todos seríamos más felices si se pudiera redirigir el poder de estas herramientas de forma más positiva. Lo he visto y soy optimista, se avecinan cambios. Quiero defender el derecho de que las personas se expresen sin temor de represalias tóxicas. Tenemos todas las de perder haciendo sentir a la gente estúpida o ignorante, y todas las de ganar con una conversación abierta, honesta y respetuosa. Hay que pensar por uno mismo, pero no pensar solo en uno mismo. Hay que utilizar el internet, y la libertad que nos da, como una fuerza benévola. Lo digo no solo porque la alternativa nos conduce a un lugar extremadamente oscuro, también porque la única forma de cambiar el mundo para bien es mediante el debate, escuchando otras perspectivas y, lo más importante, mediante la bondad.

• • •

No todos mis conocidos disfrutaron leer todo el libro. Algunos capítulos incomodaron mucho a mi familia, y mi mamá no se atrevió a leer sobre mis tres reyes. Desearía haber intervenido, aunque no tenía manera de saber lo que me pasaba por la cabeza. Pero de todas las reseñas que recibí, la que se me quedó grabada, y la que les quiero compartir, es la de mi abuelo.

Recuerdan a mi abue, el hombre que le enseñó a Draco a sonreír con satisfacción. De todos mis posibles lectores, conocer su reacción me tenía muy emocionado y nervioso. ¿Le gustaría? ¿Lo odiaría? ¿Sería de la opinión, para nada irracional, de que a mis treinta y tres años no había vivido lo suficiente para escribir una autobiografía? Si era el caso, sabía que me lo diría.

Para ser honesto, no estaba seguro de que a su edad tendría la capacidad física de leer el libro. Así que cuando fui a verlo, estaba un poco reservado, tenía la intención de recitarle algunos capítulos. Llegué a su casa y nos sentamos un rato a tomar té y galletas. Quizá recuerden que, a pesar de que es un científico muy competente, es entusiasta de las artes. Para empezar, no hablamos de mi historia. Hablamos de otra muy distinta, *Bajo el bosque lácteo* de Dylan Thomas. Leímos algunos versos y contemplamos cómo se podría adaptar en una obra de teatro moderna. Y por fin, me armé de valor para decirle:

—Abue, te quería leer un capítulo de mi libro.

—¿Tu libro?

—Mi libro.

—Ya lo leí. Dos veces.

—¡Ah! ¿Y qué te pareció?

Se inclinó hacia mí, se acarició la barba larga y cana y se asomó por encima de sus lentes, muy a lo Dumbledore.

—Me…

—¿Sí?

—… Me…

—¿Ajá?

—… Me gustó mucho, pero Tom…

—¿Sí, abue?

—Vamos a seguir con *Bajo el bosque lácteo*, ¿sí?

Sonreí porque supe qué me estaba diciendo este mago anciano y sabio:

Tom, todavía no has hecho nada. Apenas estás empezando. A lo mejor ya terminó el capítulo uno, pero no hay que mirar al pasado, sino al futuro.

Agradecimientos

GRACIAS A LAS BRUJAS Y LOS MAGOS DE EBURY, SOBRE TODO A CLAIRE Collins, Andrew Goodfellow, Charlotte Hardman, Jessica Anderson, Patsy O'Neill, Shelise Robertson, Sarah Scarlett, Rebecca Jones y Jeanette Slinger, por su trabajo arduo para materializar este libro. A mi agente literaria Stephanie Thwaites y a todos en Curtis Brown. A mi profesor de francés y ecuaciones cuadráticas, Adam Parfitt, por su paciencia y habilidad con la pluma.

A los grupos de fans de todo el mundo, sobre todo a las chicas de feltbeats.com, por su apoyo incansable. A John Alcantar, por presentarme las Comic Cons y llevarme de la mano en ese mundo. A mi equipo —Gary O'Sullivan, Cliff Murray, Justin Grey Stone, Allison Band, Steven Gersh, Jamie Feldman, Scott Womack y Romilly Bowlby— por cuidarme siempre. A las personas que me ayudaron en el camino: Anne Bury, Sue Abacus, Maxine Hoffman, Michael Duff, Nina Gold, Peter Hewitt, Andy Tennant, Chris Columbus, Alfonso Cuarón, Mike Newell, David Yates, Kevin Reynolds, Amma Asante, Charlie Stratton, Sara Sugarman and Rachel Talalay. A Joseph Fiennes, Andy Serkis, Paul Hodge, Sam Swainsbury, Grant Gustin y al difunto Dave

Legeno, por haberme acogido en algún punto de mi vida. A Jason Isaacs, por ser el mejor segundo papá que cualquiera podría pedir. A Richie Jackson, Melissa Tamschick y a su mamá Anne, Tessa Davies, Michael Eagle-Hodgson, Stevie, Rob y Nina Challens, Matt "Chef" Whites, Dan Raw y todo el equipo por los increíbles recuerdos de mi infancia. A Jade, Stevie G y a toda la familia Gordon por recibirme con los brazos abiertos.

A Derek Pitts, por ser mi he... he... hermano. A Greg Cipes, por enseñarme a hablar con las gaviotas. A Daniel Radcliffe y Rupert Grint, por todos los días en Hogwarts y más allá. A Emma Watson, por graznar conmigo todos estos años. A todos los que trabajaron en las películas de Potter, por ayudar a moldear quien soy. A mis hermanos, por mantener los pies de esta larva en la tierra. A mis abuelos, sobre todo a Gramps y Wendy Bird, por animarme a descubrir las maravillas de la vida. A mi adorado Seahorse, por ser mi faro todos los días y enseñarme a tocar el fagot.

Por último, a mi mamá y papá por absolutamente todo.

Más allá de la magia de Tom Felton
se terminó de imprimir en el mes de marzo de 2024
en los talleres de Diversidad Gráfica S.A. de C.V.
Privada de Av. 11 #1 Col. El Vergel, Iztapalapa,
C.P. 09880, Ciudad de México.